세상은 구른다

이근영 수필집

교음사

| 들어가면서 |

기업에서 일했다. 바쁘긴 했지만 비교적 무난했던 긴 세월, 내가 뭘 놓치고 있는 건 아닐까 하는 생각이 이따금 들긴 했다. 하지만 다들 그럴 거란 편한 핑계가 있었고 내심 지금 하는 일만으로도 내 삶이 충분히 채워질 것으로 생각했다.

그러다가 은퇴했다. 한동안의 굴절된 시간이 있었고 그건 소중한 경험이었다. 비로소 세상이 조금 보였다. 어느 시인이, 호수에서 노를 젓다 놓쳤더니 비로소 넓은 물이 바라다보이더라고 했듯이.

그런 마음들을 담았다. 세상을 구르며 느낀 것들, 내 이야기, 세상 이야기 그리고 잠깐 살아 본 일본 이야기들이다. 그저 한 중년의 뒤늦게 철들어 가는 모습이 보였으면 좋겠다.

탈고까지 함께해 준 아내가 고맙다. 책으로 엮어 주신 분들에게도 감사드린다.

2025년 초겨울에 저자 이근영

| 차례 |

▸ 들어가면서

나중에야 / 14
동굴 / 18
착한 위선자의 첫눈 이야기 / 23
이번 겨울밤엔 / 27
표정 / 31
혼자라는 거 / 35
여름 길목에 / 39
다시 만난 시인 / 43
거울 앞에서 / 47
시간과 나 / 51
시바의 여왕 / 55
봄은 다시 왔건만 / 59
글쓰기 / 62

그리움은 기다랗다 / 68
자판기 커피 / 72
사진 속 그 아이들 / 76
잡초 / 81
더, 불어 / 85
사람에겐, 사람이다 / 88
지공 선사 / 91
집으로 가는 길 / 95
인생이 소풍이라고 / 100
총량은 불변 / 104
옥상 텃밭 / 107
덤으로 만난 인문학 / 111
막간의 여유 / 116

거기 사람, 여기 사람 / 122
마지막 선비 / 126
평화 시대 · 1 / 131
평화 시대 · 2 / 136
훈장과 엄마 / 140
계단 저 아래 / 145
나의 그날들 / 149
세상은 구른다 · 1 / 154
세상은 구른다 · 2 / 158
세상은 구른다 · 3 / 162

화(和) / 168
韓 · 日 그 DNA에 대하여 / 173
럭비 하는 나라 / 177
겉마음(다테마에) / 181
동상이몽(同床異夢) / 185
현모양처 / 189
야스쿠니 신사(靖国神社) / 193
벚꽃은 지고 / 197
지금은 축하해야 할 시간 / 202
대구 수성못 / 206

이근영의 수필세계 / 210
   - 오경자 (평론가, 국제PEN한국본부 고문)

나중에야

나중에야

 가수 인순이가 부른 「아버지」라는 노래가 있다. 누구나 한 번씩은 들어 봤을 텐데, 강렬하다. 저절로 눈시울이 뜨거워진다. 그런데, 그 노래 가사엔 정작 '아버지'란 말은 한마디도 들어 있지 않다. 애당초 그 곡을 받을 때 그 말만은 가사에 넣지 않기로 했다는 것이다. 노래를 끝까지 부르지 못할 것 같다는 게 이유였다. 그렇게도 시린 말이다, 아버지란 말은.
 그런 아버지를 두고 쓴 서글픈 글이 올라왔다. 대학 동창 단톡방에서다. 전후 가난한 나라에서 태어나 경제 부흥에 힘쓰고 부모 자식 보살피며 나름 한 역할 했건만, 그런 가장을 대하는 세태가 내 가족부터 섭섭하더라는 내용이다. 바로 우리 이야기였다. 단톡방이 요란하다. 핵가족 산업사회라서 그렇다는 둥 그래도 결국엔 다 알지 않겠냐는 둥 죽은 뒤에 알면 뭐 하냐는 둥 하는데, 다른 한쪽에선 시끄럽다면서 우리끼리 자주 만나 술이나 먹자고 한다.

명절이면 아버진 밤을 깠다. 혼자서 신문지를 깔고 앉아 쉬엄쉬엄 깎는데 금방 아이 뒤통수 같은 예쁜 날밤이 다듬어졌다. 돌아가신 뒤로는 내가 깎았다. 모양도 잘 안 나왔지만 난 무엇보다 칼질이 너무 힘들었다. 그때 알았다. 아버진 전쟁 때 산 생활을 하면서 나무를 깎았다는 것을. 지루한 동굴 생활, 무기도 만들고 무료함도 달랬던 것이다. 밤은 당신 안쪽으로 깎아 들어왔다. 칼날을 바깥쪽으로 내세우지 않는 게 동료들 간 불문율이었다고 했다. 엄중한 시절에 배운 칼질이었다.

이발도 자주 했다. 엄마 심부름으로 아버지 찾으러 갈 때면 제일 먼저 가는 곳이 동네 이발소였다. 거의 거기 계셨다. 특히 면도를 자주 했다. 심지어는 우리 형제 머리도 자주 깎게 했다. 성격인 줄 알았는데 그게 아니었다. 산 생활

할 때 짐승 같았던 당신 몰골이 트라우마로 남은 거였다.

여름 계곡에 놀러 갈 때도 창밖을 내다보며 혼잣말을 하곤 했다. 여름 산은 괜찮지만 겨울 산은 안된다고. 겨울엔 산속이 훤히 들여다보여 함부로 움직이면 추격대가 붙을 수 있어 위험하다는 말이었다. 나는 훗날 겨울 산행을 해 보고서야 안다. 어느 하나 아버지를 제때 알고 있던 것이 없다.

돌아가신 지 20년이 지났다. 이젠 좀 무덤덤해질 때도 됐건만 어찌 된 건지 갈수록 아버지 생각이 더 난다. 어떤 날은 혼자서 펑펑 울기도 했다. 돌아가신 날에도 그렇게까지 울진 않았는데. 자라는 아이들 때문에 더 그렇다. 녀석들, 가르치지도 않았는데 어째서 내 그때랑 똑같이 구는 건지. 가끔 못마땅할 때도 있지만 야단도 못 친다. 그런 내게 항상 웃기만 하던 아버지 기억 때문에.

그랬다. 아버진 늘 빙그레 웃었다, 우리가 잘하든 못하든. 정말 아버지에게선 자라면서 매 한 대 맞지 않았다. 다정했다. 특히 어린아이들은 다 예뻐했다. 원래 그런 분이라고 생각했다. 하지만 나중에 엄마에게서 듣고 알게 된다, 북에 두고 온 자식이 있었다는 걸. 여전히 나는 아는 게 없었다.

아버지란 그런 존재였다, 당신 나이 따라 먹어가며 딱 그만큼씩 알아지는 그런. 어쩌면 아버진 내가 지금쯤엔 이런 생각 하고 있을 것도 알고 있었는지 모른다. 늘 말씀하셨다, 어릴 적 우리 버릇 나빠진다며 방 빗자루 거꾸로 드는 엄마에게. "놔두라고, 나중에 크면 다 안다고."

동굴

 사람들은 사는 게 좀 불편해지면 칩거 비슷한 것을 한다. 매사에 의욕이 없고 누구도 만나지 않고 혼자서 지내는데, 속된 말로는 '잠수 탄다'고도 한다. 이런 행동을 철학자들은 자신만의 동굴 속에서 하는 나름의 성찰이라고도 본다. 그러다 정말 깨달음이나 새로운 에너지를 얻는 일도 생긴다. 원시시대 동굴도 바로 그런 영적인 장소일 거라고 했다. 암벽에 그려져 있는 동물들 대부분이 당시엔 식용이 아니고 경배의 대상이었기 때문이다.

칩거 얘길 꺼낸 건 동창생 한 녀석이 지난여름 은퇴한 후로 보이지 않아서다. 나도 백수 시절 잠시 그랬었는데 그럴 때는 내버려 두는 것도 좋다. 보통은 나름의 길을 찾아 달라진 현실에 새로이 적응한 모습으로 나타난다. 이렇게 사람은 혼자도 되어 보고 함께도 있어 보기를 반복한다. 이런 과정이 '홀로되기' 훈련이 될 수도 있다. 어차피 사람은 맨 마지막엔 혼자서 떠나야 하는 거니까.

살면서 죽음이란 걸 생각해 본 적이 없다. 사실 그동안 너무 바빴다. 하지만 인젠 내 사회생활도 끝났고 새롭게 세상살이를 시작한 아이들을 보노라면, 문득 나도 세상을 좀 살았나 싶은 생각이 든다. 중국 옛말에 사람은 살기 위해 살지만, 어느 순간부터는 죽기 위해 살아간다고 했다. 대학에 있던 친구 말이다. 여태까진 하나라도 더 가지려고 아등바등 살았지만, 이제부턴 그런 것들을 하나씩 잃거나 버려가며 살아가야 하니 남은 인생길 또한 만만치 않을 것이란 얘기다. 책도 한 권 받았지만 여태 열어 보지 않았다. '죽음연습'이란 책 제목이 도무지 끌리지가 않는다.

사의 찬미란 말이 있다. 노래로도 알려져 있다. 1930년 당시 '아이돌'이었던 소프라노 가수 윤심덕이 불렀고, 노래가 한창 유행하던 중에 본인이 자살까지 해서 장안이 떠들

썩했다. 죽는다는 것을 아름답게 본 것이다. 형벌이든 복수든 그 최고의 단계가 죽음인데 그걸 미화하다니 좀 별나다.

 죽음을 삶의 일부로 보기도 했다. 색즉공(色卽空) 공즉색(空卽色)이란 불교의 가르침이 그것이다. 있고 없고는 반대인 거 같은데 같은 것이라니 이해가 쉽지 않다. 추운 어느 겨울날, 오랜 수행을 마치고 돌아와 문고리를 잡는 제자에게 방 안의 고승이 묻는다. 네가 서 있는 곳이 문 안이냐 밖이냐? 말문이 막혀 아무런 대답도 하지 못한 제자는 그길로 다시 먼 수행 길을 떠난다. 안과 밖이란 구별은 본디 없는 것, 가로막은 문 하나 치우면 안팎이 한 공간이니 삶과 죽음도 그와 같다는 선문답이다.

 죽음이란 인류의 영원한 화두다. 답은 없고 물음만 존재한다. 그래서 종교가 있는 것이기도 하다. 광활한 우주와 정교한 자연법칙을 생각하면 신은 존재하는 것도 같다. 하지만 종교는 분명 사람이 만든 것이다. 그런데도 사람들은 그 종교에 매달린다. 구원에 가장 가까운 길이라 믿기 때문이다. 그만큼 대책 안 서는 존재다, 죽음은.

 수년 전 가수 이장희 씨가 방송에서, 자신의 울릉도 집이 교회당 바로 위이니 자신은 이미 천당에 살고 있는 거라 해서 웃었다. 울릉도는 섬인지라 교회고 집들이고 다 가파른 비탈길에 도리 없이 아래위로 포개져 있어서 나왔던 농이다. 실은 우리 아파트 단지 아래가 바로 교회다. 잘 내려다보이기도 하고 또 내 나이 탓인 건지, 요즘은 교회에 나가 목사님 좋은 말씀도 한번 제대로 듣고 싶어진다. 믿음이 없어서 그렇지 교회는 오래 다녔다. 누가 알겠는가? 혹시 내가 바로 성경에서 말하는 '돌아온 탕자(蕩子)'일는지.

아내가 반긴다. 아내는 본디 독실한 기독교인이다. 게으른 남편 꼬임에 빠져 교회는 가다 말다 하지만 예배를 볼 때면 한 번씩 운다. 곁에서 보면 주로 찬송가를 부를 때인데 그때가 가장 크게 은혜를 받는다고 했다. 바로 자신의 동굴 속인 셈이다.

내 경우의 동굴은 가끔이긴 하지만 주말 밤인 지금이다. 날짜 선은 넘었으나 새벽은 아직인 그래서 시간도 멈춰 있는 것 같은, 내 일상에서 가장 여유롭고 편안한 시간대다. 주로 책을 보거나 글을 쓴다. 그러다 생각에 빠지기도 하는데 사랑, 미련, 못다 했던 말 같은 결국은 사람 생각이다. 가끔은 아버지도 만난다. 왜 이런 밤엔 꼭 만날 수 없는 사람만 보이는 건지. 애씨 함께 즐거웠던 추억을 끄집어내 보지만 우습게도 늘 같은 장면이다. 이쯤 되면 이 밤이 정말 멈추어 있는 건지 확인하고 싶은 유혹이 생긴다. 하지만 빠져 나와야 한다. 또 동굴 속 미로를 헤맬 것이기 때문이다.

멀리는 보되 움직임은 짧게 가져가라는 말이 있다. 현역 시절 많이 듣고 했던 말이다. 생각도 중요했지만 하나라도 작은 실천이 더 유익했다. 지금 내가 죽음이란 화두로 멍을 때리고 있으면서도 한편으론 그것을 주제로 글을 쓰고 있는 것처럼, 이 밤의 실속은 한 편의 수필이다. 덕분에 이번 원고는 빨랐다. 마감 시간이 많이 남아 오히려 기다려진다. 할 일을 마친 뒤의 기다림은 즐거움이다. 죽을 때도 이랬으면 좋겠다. 동굴 밖이 밝아 온다.

착한 위선자의 첫눈 이야기

 아파트 앞 길가 벚나무, 홍엽이 제법이다 싶었는데 벌써 태반이 낙엽 되어 거리를 뒹군다. 지나다니는 차에 이리저리 휩쓸리고 오가는 사람들 발길에 무심히도 짓밟힌다.
 물기 하나 없이 바싹 마른 모습이 안쓰럽다. 그런 낙엽이 애처로워 사람들은, 그렇게 썩어서 새해 새싹을 위한 밑거름이 되는 거라고 위로했다. 낙엽을 가을 편지라고도 했고 태우면 갓 볶은 커피 냄새가 난다고도 했다. 나름의 낭만도 있노라고. 하지만 도시의 낙엽들은 불행하다. 차

갑고 딱딱한 아스팔트 위를 나뒹굴다가 버스 정류장 배수구 한쪽으로 쌓여 가는 낙엽들에서, 새 생명이나 낭만을 느끼긴 어렵다.

우리는 안다. 우리도 언젠가는 낙엽처럼 저렇게 지고 말 것이란 걸. 가련한 낙엽을 두고 하는 좋은 말들, 따뜻한 말이긴 하나 위선이다. 다만 착한 위선이다.

이런 가을날 창밖을 보고 있노라면 사람 생각이 난다. 누군가가 그립고 사랑하고 싶고 공연히 심각해지고 싶어진다. 그냥 보내 버린 가을날이 많은 탓일까, 이 나이에 가을을 탄다.

이젠 선명하지가 않다. 세월이 너무 흘렀다. 남아 있는 모습이라곤 예배 볼 때 훔쳐보다 마주쳐 먼저 놀라던 눈동자뿐. 흐릿해진 건 모습만이 아니다. 생각나는 것도 사람이 아니고 한 사람을 알았었다는 사실 정도다. 어쩌면 나는, 그 일로 내가 마음 아파했던 기억을 그리움으로 오래 간직해 온 건지도 모른다. 그날, 버스 정류장 눈길 위에 남겨진 부츠 자국만이 선명하다.

이쯤에선 끊은 담배 생각이 날 만도 한데, 신기한 일이다. 밥 먹자고 주방에서 부르는 아내 말 한마디에 모든 게 순식간에 사라진다. 이룬 사랑은 너무 현실이 되었고 이루지 못한 사랑은 그리움이 되어 마치 사랑인 양 행세한다. 무슨 원죄라도 되는 건지 아내와는 늘 숨바꼭질이다. 마술 램프 속 요정같이 힘들게 나왔다가도 숨을 땐 연기처럼 빨려 들어가 버린다.

그리움은 이렇게 맹랑하고 부질없는 것이다. 하지만 지난 긴 세월 그것이 풋사랑이든 상처받은 흔적이든, 용케도 한 조각 기억으로 남아 오늘 같은 가을날을 촉촉이 적셔주기도 한다. 이런 옛사랑 따위를 남자들은 깨끗이 잊었다고 말한다. 아내들이 믿지 않는다는 걸 알면서도 말이다. 위선이다. 그러나 이 역시 그러는 게 더 좋은, 착한 위선이다.

첫눈 오는 날 교회에서 만나면 멋질 거란 말만 남기고 서울로 떠나왔다. 용기 없던 내 말을 자책도 하고 서울 생활이 힘들 땐 잊기도 하다가, 혹시나 했던 네 번째 겨울에 만난다. 가슴 벅차게도 앞 몇 번의 엇갈림도 알게 되지만 만남은 그 겨울이 가기 전에 끝이 난다. 졸업과 동시에 입대였기에.

그날, 버스에 오르며 몸조심하란 말만 했다. 슬펐고 화도 났지만, 그 잔념(殘念)이 천리행군에는 도움이 되었다. 고된 훈련에는 생각할 거리가 있는 사람이 덜 힘들었다. 그게 지독한 것이라면 그럴수록 더욱.

어느 휴일 아침이었다. 모처럼 일찍 일어나 베란다 밖을 습관처럼 내다봤다. 온통 은빛이었다. 하늘과 땅이 그 경계를 허문 사이로 하얀 눈송이가 쏟아지고 있었다. 장관이었다. 이런 날 혼자서 하는 한잔의 커피는 황홀하다. 문득 정문 밖 교회로 이어진 눈길에 강아지 발자국이 보였다, 부츠 자국 같은. 실없이 웃음이 났다.

그날따라 늦게 일어난 아내가 창가로 다가왔다. 내 커피를 당겨 마시며 환히 웃는다, 이거 올해 첫눈 아니냐면서. 오늘 저녁은 해마다 첫눈이면 하는 멋진 외식이 될 것이다. 창밖엔 여전히 눈이 내렸고 강아지 발자국도 보이지 않았다.

이번 겨울밤엔

 나는 여름보다는 겨울이 좋다. 더위보다 추위를 덜 타는 체질적 이유도 있지만, 어릴 적부터 나는 다 열어젖힌 여름보다는 바람 들어올 곳은 다 막고 닫아, 작지만 속닥한 공간이 생겨나는 그런 겨울이 좋았다.
 학교를 파하고 집으로 오면 아무도 없었다. 어른들이 종일 시장 가게에 계셨기 때문이다. 네 살 아래 동생이 있었으나 나이 차가 있어서 노는 친구들부터 달랐다. 그나마 동네 또래 아이들도 많지 않았다. 가끔은 건너 채에서 재봉틀 돌리는 직공 누나들이 놀아주었지만 길지도 않았고.

 별수 없이 혼자서 놀았다. 평상에 드러누워 하늘 구경하다가 구름끼리 싸움도 시켜 보고, 입으로 물보라를 뿜어 조그만 무지개도 만들어 봤다. 어떤 날엔 싸라기를 문 개미 몇 마리를 쫓다가 안방 주춧돌 틈으로 드나드는 엄청난 개미 떼를 만나기도 했다. 들어가는 줄은 문 입 나오는 줄은 빈 입, 바로 가는 놈 거꾸로 가는 놈 하나같이 바쁜 걸음이다. 한참 동안 지켜봤었다. 촘촘하기로 유명한 프랑스 소설 「개미」에서도 나오지만, 개미들 움직임엔 '스토리(story)'란 것이 들어 있다.

 겨울엔 이불을 넣어 둔 벽장 속에서 동화책을 봤다. 바깥이 춥기도 해서지만 나는 그런 데가 좋았다, 좁지만 나만의 공간. 정말 동화 속처럼 아늑한 날도 있었다. 길게 잠이 들었고 밖에선 아이 찾느라 난리가 났었다. 그날 밤 야단을 맞으면서도 나는, 포근해서 달콤하기까지 했던 벽장 속 생각만 했던 것 같다. 지금도 가끔 하는 공상 버릇은 그 무렵부터였을 것이다.

 어린 셋째도 잠들기 전에 엄마 얼굴 한번 보는 게 그날의 소원이었다. 엄마를 기다리다 잠들어버린 날은 저를 깨우지 않았다고 큰오빠인 내게 투정을 부렸다. 나도 저만할 때 그랬을 것이란 생각이 든 건 퍽 나중 일이다. 결혼하고 얼마 안 되었을 땐데 무슨 어른이 손톱을 그렇게 깨무냐고 아내에게 한마디 듣고 나서였다. 오랜 이유 있는 습관이었다.

  중학생이 되면서는 방법을 찾았다. 공부도 시험 때가 되면 친구 집에 가서 하고 우리 집으로 불러서도 하다가 나중엔 독서실에 나갔다. 거기서 찌그러진 냄비라면 맛도 알게 되지만 무엇보다 거기엔 사람들이 있어서 좋았다. 어느 날 한번은 잠도 쫓을 겸 통금이 넘은 시간인데도 독서실 밖으로 나가 봤다. 한겨울 밤 네온사인마저 얼어붙은 휑한 대로에 움직이는 건 나 하나뿐이구나 했던 묘한 기분, 기억한다.

  고교 때는 교회에 얘기해서 아예 학생부 예배실을 공부방으로 만들었다. 2학년 겨울 방학 때였을 거다. 친구들과 매일 밤 연탄난로 주변 긴 의자에 이불을 깔고 자리를 잡았다. 진학 이야기는 물론 하나님 얘기에다 재주껏 속마음 감추며 했던 학생부 여학생들 얘기까지, 별의별 이야기도 많이 했다. 어쩌다 다 잠들고 나 혼자가 되면 교회 마당에 나가 겨울별 '오리온자리'를 헤아렸다. 북두칠성 말고 내가 짚을 줄 아는 유일한 별자리다, 한복판에 삼태성이 또렷한.

내가 별자리를 보았던 게 그때가 마지막이었을 것이다. 그 겨울밤은 친구들이 있어 좋았다. 이젠 다 은퇴들을 했다. 정말 세월이 많이 흘렀다.

  이번 겨울 여행지는 휴양림 통나무집으로 정했다. 겨울 산은 처음인데 추위를 한번 맛보고 싶어서다. 봄이 눈으로 오는 거라면, 가을은 가슴으로 겨울은 영혼으로 온다고 했던가? 그 영혼마저 얼어붙을 강추위를 느껴보고 싶다. 한밤중에 잠시 혼자 나가 있어도 보고, 교회서 봤던 오리온 별자리도 다시 찾아볼 것이다. 멀리 강물 어는 소리가 들릴지 모른다. 밤바람에 달빛 부서지는 광경을 보게 될지도 모른다. 아마도 그렇게 추운 날엔 밤하늘 별들도 얼어서 더욱 반짝일 것이다.

  있는 동안에 폭설이라도 와서 한 며칠 갇혀 있으면 더 좋겠다. 책 보고 커피 마시면서 창밖에 쌓인 눈이 달빛에 영글어가는 겨울밤을 지켜볼 것이다. 이번 겨울엔 그렇게 어릴 적 벽장 이불 더미 속에서 그랬던 것처럼, 하얀 눈 속에 한번 푹 파묻혀 보고 싶다.

표정

　올 한 해 텃밭을 꾸린 덕에 수시로 싱싱한 푸성귀를 먹었다. 봄여름엔 상추와 깻잎, 가을엔 배추와 무 등 김장거리들이다. 농사라고 해야 주말마다 여섯 평 텃밭에서 잡초 뽑고 물 주는 일이 전부라 힘들 것도 없다. 우리 부부에겐 매주 텃밭을 핑계 삼은 바깥나들이와 오가는 길 맛집 탐방이 더 즐겁다.
　어제는 추워지기 전에 작물들을 거두어야 한다고 해서, 죄다 뽑았다. 자연히 김장하는 날이 되고 말았다. 거실에 신문지를 깔고 앉아 채소에 붙은 흙을 털어가며 김장재료를 다듬었다. 내가 맡은 건 쪽파인데 요게 문제였다. 갓을 맡은 큰 녀석은 벌써 끝내고 하던 게임을 즐기고 있는데 나는 아직 반도 하지 못했다. 뿌리 수염은 자르고 부실한 줄기는 제거한 뒤에 남은 쪽파는 껍질을 한 번 정도 벗겨줘야 하니, 서너 뿌리가 붙은 쪽파 하나 다듬는데도 손이 많이 간다.

문득 쪽파를 마구 자르고 벗기는데도 아무런 반응이 없다는 생각이 들었다. 그러고 보니 뽑을 때도 그랬다. 도무지 생명을 앗는다는 느낌이 들지 않는다, 식물도 한 생명이거늘.

동물은 어떨까? 중국 고사에 제사 때 제물로 쓰려던 소를 양으로 바꿨다는 얘기가 있다. 제나라 선왕이 제물로 끌려가는 소를 우연히 보곤 이를 측은하게 여겨 소 대신에 양을 쓰게 했다는 내용이다. 그러면 양은 불쌍하지 않은가? 많은 현자가 그 이유를 두고 논쟁했지만, 맹자의 해석이 가장 설득력이 있었다고 한다. 선왕이 소는 봤으나 양은 직접 보지 않았기 때문이란 거였다. 엉뚱해 보이지만 일리가 있는 말이다.

그렇다면 선왕이 본 건 소의 무엇이었을까? 바로 소의 얼굴, 표정이다. 그러고 보니 식물엔 애당초 표정이란 게 없다. 도살장으로 끌려가며 양어깨를 축 늘어뜨린 소의 체념한 얼굴, 어떻게든 잡히지 않겠다고 날뛰는 닭들의 놀란 눈동자 등을 생각하면 동물은 식물과 크게 다르다.

특히 사람은 다른 동물과 달리 울면서 태어나기 때문일까, 웃고 화내고 슬퍼하고 기뻐하는 마음이 먼저 얼굴에 나타난다. 그래서 사람은 상대의 표정만으로도 자신에 대한 호감도를 곧바로 읽어낸다. 여러 말보다 단 하나의 표정이 의사를 빨리 전하기도 한다.

눈을 감으니 많은 사람이 떠오른다. 대체로 지나간 사람들이다. 무슨 이유에서였든지 지금은 만나지 않는 사람들이다. 사람을 안다는 건 그 사람의 모습과 내면을 다 포함한 얘기겠지만, 남아 있는 건 한순간의 표정이다.

술에 절어서도 무한 신뢰를 보내던 친구의 풀린 눈빛, 거래처 분들의 건조한 미소 하며 별일 아니라며 찾아와선 늘 별일을 늘어놓던 후배의 깜빡이던 눈, 나이 차도록 기른 강아지의 젖은 눈동자까지, 이젠 모두가 한 장의 스냅사진이 되었다. 최후의 마지막 1분에 자신의 삶이 주마등처럼 보인다는 말도 어쩌면 그런 사진들이 슬라이드처럼 스친다는 말인지도 모르겠다.

재미있는 건 가장 소중한 사람, 아내의 젊은 시절 수많은 표정이 쉬 떠오르지 않는다는 것이다. 아마도 그건 늘 곁에 있어서일 것이다. 현재도 생생한 동영상으로 돌아가고 있는데 그것이 스냅사진으로 압축될 겨를이 어디에 있겠는가?

모처럼 잡은 글감을 몰아 마무리를 향해 달리는데 노트북 너머로 날 부르는 아내의 건조한 목소리가 들린다. 아이코! 소리만으로도 아내의 표정을 알겠다. 그길로 나가 쪽파를 다 다듬은 건 물론이다. 오늘 아침엔 밤새 절여 둔 배추를 세 번이나 씻고 '김장 속'으로 버무리기까지, 드디어 힘든 김장을 끝냈다. 다들 내년엔 손이 덜 가는 무 김치만 담자고들 했지만, 글쎄다.

혼자라는 거

　사람은 누구나 외롭다. 그래서 사람들을 만난다. 학교 친구들과 옛 직장 사람들 또 새로 만난 동아리 사람들 등, 만나고 며칠이면 다시 허전해지지만 사람들은 그렇게라도 외로움을 메꾸며 일상을 꾸려 간다.
　학교 친구라 해도 자주 만나는 사이가 아니라면 깊은 이야기는 어렵다. 사회생활 대부분을 함께했던 직장 동료들과의 대화는 지금도 그저 그렇다. 나름 치열했건만, 고작 서로 속내 감추기만 했던 건가 싶다. 나이 들어가는 탓인지 매사 진정성에 대한 갈증이 크다. 모임 같은 데 나가서 힘든 대화를 나누느니 차라리 혼자서 책을 본다.

내 경우엔 속 얘기까지 나눌 수 있는 사람은 기껏 아내와 절친 정도다. 하나밖에 없는 고향 절친은 자체로 행복이다. 만나서는 물론이고 안 봐도 좋은 그리운 사람이다. 최근엔 자주 만나지지 않는다. 멀어진 게 아니다. 안 봐도 알고 충분히 믿고 있어서다. 한 번씩 갖는 동부인 식사 자리가 그나마 행사다. 그저 건강만 하면 된다.

아내와는, 은퇴하고 알게 되었지만 그렇게 오래 함께 살았는데도 막상 나눈 대화가 적었음에 놀란다. 하긴 바쁘기도 했다. 당시 사회상을 풍자한 우스개가 있다. 매일 퇴근이 늦는 경상도 남편 이야기인데, '밥은요?' 하고 묻는 아내 말에 '무-따(먹었다), 아-는(아이들은?), 자자(잡시다)'라고 한다는 세 마디 짧은 대화다. 거의 나도 그랬다. 주말이나 되어야 아내랑 밀린 얘기 좀 해 볼 수 있었으니까.

언제든 교감이 되는 사람과는 막상 만남도 대화도 적어진다는 건 역설이다. 은퇴한 요즘도 아내와는 함께 여행하는 게 아니라면 각자 자기 일을 즐길 때가 많다. 오늘도 아내는 꽃 그림을 그리고 있고 나는 이 수필을 쓰고 있다.

이래저래 혼자되는 시간이 는다. 물론 이런 혼자됨은 외로움과는 다르다. 어느 시인이 이걸 고독이라고 했다. 외로움이 혼자라서 느껴지는 우울함이나 고통이라면 고독은 혼자이기에 갖게 되는 의연함이라면서. 그러니까 혼자라도 외롭지 않고 오히려 조금은 편안하기까지도 한 어떤 느낌 같은 거다.

다 잠들어 있는 새벽 고요한 시간에 책을 본다든지, 구릉지나 하천 가을 길을 홀로 걷는다든지, 지난겨울 휴양림에서처럼 한밤중에 혼자 나가 있어 본다든지 하는, 아마도 책 한 권 끼고 혼자 하는 기차 여행도 그럴 것이다.

사실 고독을 즐긴다는 말은 좀 묘하다. 어쩌면 자신이 진정 혼자가 아니라는 고백인지도 모른다. 나도 혼자서 자주 걷지만, 결코 나 홀로 걷는 길이 아니었다. 그 길은 동무들과 함께 고기잡이 가던 길이었고, 영화관서 잠들어 돌아오던 내내 아버지 등에 업혀 잠든 척했던 길이었다. 한 여자아이와 자주 마주치던 캠퍼스 벚꽃 길이었고, 정든 사람 떠나보내며 맘 시리던 버스 정류장 하얀 눈길이기도 했다.

곁엔 늘 누군가가 있었고 가끔은 그게 나 자신이기도 했다. 새벽에 책 읽다가 행간에 걸려 감전된 참새처럼 굳어 있다가, 나를 찾는 아내 목소리에 계면쩍은 얼굴 고친 적도 있었고.

사람이 온전히 혼자된다는 건 애당초 없는 얘기인지도 모르겠다. 생각해 보면 몹시 외로울 때조차도 나를 외롭게 하는 이가 그 시간 나와 함께였던 셈이니까. 지난 이별도 지금 사랑도 내 안에선 영원한 것, 살아가면서 혼자라고 느껴질 때면 그런 추억 하나씩 꺼내어 만져 볼 일이다.

여름 길목에

 남으로 뻗은 고속도로 옆 산기슭이 푸르다. 묵은 적록색 솔잎 사이로 삐죽이 나온 새순들이 마치 초록 꽃봉오리 같다. 초록도 제각각, 아마도 높이가 달라서일 것이다. 신록의 5월 온 세상이 푸른 생명이다.
 해마다 이맘때면 봄 여행을 간다. 이번엔 남쪽이다. 하루만 대마도이고 나머지 일정은 전부 휴양림이다. 이번엔 정말 산속에서 쉬기만 해 볼 것이다.
 휴양림이 있는 오도산이 해인사에 가까운 산이

란 건 이번에 처음 알았다. 합천 I.C로 나온 지 한참인데도 여전히 산길이다. 신호등만 외로운 산골 밤 도로, 이정표에 고령이니 거창이니 낯익은 지명들이 보인다. 고교 때 대구로 공부하러 왔다던 촌놈들 얼굴이 스친다. 소 꼴 먹이는 짬에 했던 공부라고 해서 은근히 우리를 놀라게 했던 녀석들, 서울까지 와서 살더니 이젠 다 야인이다.

숙소인 통나무집은 흙 계단을 올라 3층 높이에 있다. 짐 옮기느라 힘은 들었지만 들어가 앉으니 거실 창밖이 훤한 게 한 폭의 산수화다. 창밖 아래로는 계곡이 흐르고 그 양 옆으로는 '야영 데크'가 자리하고 있다. 좀 떨어진 곳에 텐트 두 동이 보인다. 밖으로 널린 양말과 흩어져 있는 취사도구가 텐트 안에서 빈둥대고 있을 사람들의 여유를 느끼게 한다. 캠핑은 잠자리가 불편하여 즐기진 않지만 언제나 낭만적이다. 젊은 날 통기타에 맞춰 함께들 불렀던 노래가 정겹다. 그 노래 속엔 늘 어깨 가방을 한 긴 머리 여자아이 하나가 들어 있다.

계곡 건너편은 산비탈이다. 거의 수직으로 벌떡 서 있는데 거기도 온통 초록이다. 산꼭대기까지 짙고 옅은 초록이 층층 겹겹이다. 이런 5월을 피천득은 맘껏 찬양했다, 싱그럽다고. 곧 녹음이 우거질 것이고 이어지는 6월은 원숙한 여인 같을 거라고. 조금 느낌이 온다. 나도 이젠 그런 나이다.

거실 창 바로 아래는 여기저기 새싹이 적갈색 흙을 움켜잡고 있다. 좀 자란 놈은 오르는 물길이 보일 정도로 줄기가 투명하다. 창 위로 살짝 늘어져 걸린 본디 붉은 잎 단풍나무가 생뚱맞게도 이른 가을을 섞는다. 계곡 건너 산등성이엔 초록이 부풀고 있고 청아한 물소리는 여기서도 들리는 듯하다. 그렇게 한참을 내다보았다.

계절이 움직이고 있었다. 달력으로만 알던 계절을 햇살의 두께와 신록의 농도 그리고 물소리의 강약만으로 느끼고 있음이다. 바쁘기만 했던 지난 세월이 스친다.

애당초 쉬기만 할 생각이었는 데다 어느 마을이든 차로 30분 이상 달려야 하는 정말 오지이기도 하다. 4일 내내 휴양림 안에서 보냈다. 가져간 음식 먹으며 책 보며 산책하고 그러다 졸리면 잤다.

아내가 자는 동안엔 혼자 계곡에 나가 있어도 보았다. 여름 되기 전 계곡물은 사람들이 없어서인지 무척 맑다. 마치 겨울철 발자국 하나 없는 눈 내린 들판 같다. 말간 계곡물에 손을 담근다. 느린 물결 속에 내 얼굴이 비치나 했더니 이내 지난 사람들 얼굴이 하나씩 쓸려 내려간다.

아내랑 함께 갔던 우이동 계곡이 생각났다. 만난 지 얼마 안 되었을 때다. 당시엔 오전 근무를 했던 토요일 오후, 복장은 정장에 구둣발이던가. 계곡 한쪽 바윗돌을 골라 앉았다. 자꾸만 움츠르드는 마음 감추느라 호기롭게 양말을 벗고 두 발을 통째로 담갔고, 무슨 얘긴지를 열심히 했다. 그런 나를 쳐다보는 주변 사람들이 많았다. 개울에서 양복 차림으로 허둥대던 모습이 아마도 우스꽝스러웠을 것이다. 그래도 함께 기억하는 몇 안 되는 소중한 장면이다.

　돌아오는 날, 휴양림 입구에 열쇠를 반납하러 잠시 내렸다. 화단에 철쭉인지 영산홍인지가 한창이다. 다른 한쪽엔 모란이 피어 있고 그 아래 개울가엔 붓꽃이다. 파란 하늘을 향해 파르르 떨고 있는 모습이 서툰 내 붓끝을 닮았다. 나비들이 싱그런 햇살을 타고 넘실거린다. 휴양림 입구를 나서니 숲길엔 온통 늘어진 아카시아 꽃술이다. 며칠 사이에 봄이 다 익어 버렸나 보다.

다시 만난 시인

 팬텀싱어의 결승 무대에서였다. 팬텀싱어는 매주 금요일 밤에 방영되던 4중창 경연 프로그램이다. 코로나 때문에 공연장에 갈 수도 없던 당시 공연 대신 볼거리로 이만한 게 없었다.

 맨 마지막 팀이 슬픈 노래를 불렀다. 전인권 씨가 부른 「사랑한 후에」라는 노래다. 팀원 '존 노'라는 미국 음대를 다닌다는 유학생이 말했다. 이 노래를 선곡한 건 지난 유학 시절 처음이 생각나서다. 동양인이라곤 자기 혼자였던 학교생활이 너무 힘들어서 잠자리에 들면서도 내일이 오지 않았으면 했다고. 노래 가사다. '석양이 물들면/놀던 아이들도 하나둘씩/아무 걱정 없이/집으로 가는데/왜 나만 여기에 서 있나'로 시작하는.

내 대학 초년 시절이 그랬다. 입학 당시 집안 형편 때문에 입주 가정교사를 했다. 먹고 자고 융자 받은 학비까지 해결은 되었지만 자유분방한 대학 생활은 포기해야 했다. 학교를 마치면 어둡기 전에 들어갔다. 어렵게 짬을 내어 당구도 쳐 보고 여학생과 미팅도 해 봤지만 이내 그만뒀다. 여유가 없어서인지 재미도 없었다.

아이들 지도를 마치고 난 늦은 밤은 참으로 쓸쓸했다. 방은 왜 그리도 크던지 이불을 펴고도 휑하게 남는 공간이 나를 더욱 황량하게 했다. 처음 하는 남의집살이에 피붙이 아닌 사람들이 서먹했던 거다. 정말 그땐, 친구들과 어울리던 학교를 마치면 집으로 들어가기가 싫었다.

그래서 썼던 것이 일기다. 지금도 남아 있는 일기는 집안 형편이 풀려 하숙 생활을 하게 되는 3학년 때까지 계속되는데, 대체로 우울한 이야기들로 채워져 있다. 당시 가장 사랑했던 시는 푸시킨이 쓴 「삶(Life)」이란 시다. 그 시를 어떻게 만난 건지는 기억나지 않지만, 울적할 때 그 시 한 편 옮겨 쓰고 나면 마음이 좀 편해지곤 했다.

첫 구절은 지금도 외우고 있다. '생활이 그대를 속일지라도 슬퍼하거나 노하지 말라'로 시작한 시는, 참고 견디면 반드시 좋은 날이 올 것이라는 희망으로 이어진다. 당시엔 'Life'란 단어가 왜 '생활'이라고 번역되어 있었는진 모르지만, 내겐 더 맞는 번역이었다. 어린 나이라 인생이란 것까지는 잘 몰랐고 그저 일상이 불편하고 외로웠기 때문이다.

푸시킨의 시가 힘들 때 위안이 된 건 맞는데 그만 좋을 때도 마음껏 좋아하지 못하는 사람이 되고 말았다. 매사 다시 나빠질 수 있다고 예단했기 때문이다. 이건 트라우마가 되었던 건지 오래간다. 회사에서 성과가 좋았을 때도 미리 그 반대 상황을 당겨 염려했다. 신중한 사람으로 보여 좋은 점도 있었지만, 내가 자기감정에 충실하게 되기까지는 그 후로도 많은 시간이 걸렸다. 이래서 지독한 경험은 한때라도 할 게 아니란 생각이다.

우연이었을까, 청년 시절 좌우명 같았던 푸시킨의 시를 다시 만난다. 대학교 평생 교육원 수필 반에서다. 등록한 첫날 서둘러 등교하는 데 복도에 걸린 '삶이 그대를 속일지라도'라고 쓴 큰 액자와 마주쳤다. 이게 언제 봤던 시구였던가, 40년 만이다. 전율이 일었다. 더군다나 그날은 그동안 살피지 못했던 '나'를 다시 찾아보겠다고 시작한 글쓰기 첫 시간이었다. 정말 우연 같지 않은 조우였다.

　서예 작품이어선지 글씨체도 예뻤다, 마치 나를 오랫동안 기다리고 있기라도 한 듯이. 하지만 나는 그 시를 끝까지 읽지 않았다. 행불행 반복이란 평범함도 이유였지만 불편했던 그때를 다시 생각하기 싫었다는 게 더 솔직한 마음일 것이다.

　요즘도 거의 매주 시인을 만난다. 자세히 보니 Life라는 번역이 '생활'이 아니고 '삶'으로 바뀌어 있다. 제대로 된 번역이기도 하거니와 그대도 이젠 살아온 삶을 통째로 들여다볼 나이가 되었지 않냐고 속삭이는 듯했다. 시인은 계속했다. 역시, 지나가 버린 건 그리워지는 것이라고.

거울 앞에서

 아내와 함께 어딜 가면 약속 시간에 쫓길 때가 많다. 화장이라고 해야 머리 손질하고 로션 찍어 바르는 정도인데도 여자들은 거울 앞에서 쓰는 시간이 길다. 하긴 누구나 거울 앞에선 진지해진다.
 현역 시절, 나도 매일 아침 거울 앞에 섰었다. 아침 회의가 8시에 있었기 때문이다. 회사의 오너에게 마치 오늘의 근무 자세를 확인받는 의식이라 할까. 사실 당신 한 사람만 빼고는 참석자 모두 고역이었다. 특히 해외 부문을 맡고 있던 나는 밤새 들어온 메일까지 점검해야 했으니 정말 새벽부터 움직여야 했다.

  비몽사몽이지만 습관적으로 거울 앞에 선다. 거울 속에 비친 내 모습, 그래도 나는 내 얼굴을 한 번은 보는데 거울 속 나는 결코 나를 보는 법이 없다. 온통 그날 예정된 회의와 만날 사람들 생각으로 머리 한가득이다. 도무지 내게는 관심 하나 없어 보이는 것이 마치 딴사람 같다. 게다가 무지 서두른다. 뭐에 그리 바쁜지 머리 빗고 로션 바르는 내 손길 뿌리치고 저 먼저 거울 밖으로 뛰쳐나갈 태세다.

  넥타이는 대강 목에 두른 채 현관으로 내닫는다. 오른손으론 자동차 키를 왼손으론 아내가 챙겨 주는 샌드위치를 움켜쥐고서다. 닫히는 엘리베이터 문틈으로 '핸드폰, 아침 약은요' 하는 아내 목소리를 들으며 급히 엘리베이터 하강 버튼을 누르면 긴 하루 시작이다.

  거울 속 나에게 끌려다니다시피 하며 했던 회사 생활, 40년을 좀 넘게 했다. 긴 세월, 사연이 적을 리 없다. 하지만 기억은 점점 옅어지고 이젠 그 시절 얘기 나누는 것조차 귀찮아진다. 그저 '나쁘진 않았다'라는 느낌 하나로 압축되어가는 것 같나. 인생이란 것도 결국 그런 '좋았다, 나빴다, 흐뭇했다' 따위로 압축된 몇 장의 흑백사진 같은 건지도 모르겠다. 마지막 순간에 슬라이드처럼 스쳐 갈.

좀 오래 한 편이다. 돌이켜보면 쉽지 않은 일들이었지만 세상에 나와 일 한 번 원 없이 한 셈이다. 그래서인지 편안하다. 일에 대한 미련이 적어서일 것이다. 회한(悔恨)은 잘못한 일보다 하지 못했던 일에서 더 크게 온다고 하는 말이 맞는 것 같다.

은퇴한 지금도 가끔 거울 앞에 앉는다. 지금 만나는 이들은 주로 시인과 수필가들이다. 일주일에 한 번씩 보는 거니까 그만큼 거울 보는 횟수도 많이 줄었다. 하긴 이마저도 없다면 내 얼굴은 온통 수염으로 덥수룩할 것이다.

거울 속 모습이 예전과는 달라 보인다. 눈이 침침해져서 그런가 싶기도 하지만 거울 속의 나, 무엇보다 그전처럼 서둘지 않는다. 실제로 동작도 느리다, 귀도 어두워져 얘기 나눌 땐 자꾸 상대방 입 모양을 보고 있지만. 이따금 흥얼거리기도 하는데 제법 여유로워 보인다. 무엇보다 똑바로 앉아 있다. 허~ 내가 일 끝내고 세상과 등 돌렸다고 저도 거울 등 한번 돌려보려다 잘못되어 갇혀 버린 걸까, 거울 속에서 가만히 나를 쳐다본다. 희끗한 머리 만지며.

처음으로 마주친 눈빛, 마치 오래 기다리던 사람과 만난 기분이다. 그윽한 눈길 마음 한가득이다. 이번엔 내가 먼저 일어났다. 저도 따라 일어선다. 나직이 말을 건넸다, 그동안 수고 많았다고.

시간과 나

 월말 밤이다. 매일 같은 하루가 반복될 뿐인데도 한 달의 마지막 밤이라니까 괜히 특별하다. 시간의 마력이다. 시간이란 사람이 필요해서 만든 건데 시간에 사람이 끌려가고 있다. 먹을 시간이 됐으니 먹고 잘 시간이니 자야 하는 것처럼.

 원시인들에게 시간이란 어떤 것이었을까? 때가 되면 변하는 계절과 매일같이 찾아오는 어두움은, 그들에겐 어찌할 수가 없는 두려움이었던 걸까? 그리스 신들도 그래서 생겨났겠지만 복잡한 그

계보는 해와 달, 바람과 비, 삶과 죽음 따위가 나름의 순서로 배열된, 시간이란 것이 만져진 흔적들이다.

옛사람들이 시간을 가늠했던 건 생각할수록 신기하다. 가끔 청계천을 걷지만 동대문에서 궁궐이 있는 광화문까지가 고작 한 시간 거리다. 뛰면 30분이고 말 타고 달리면 그 절반 정도의 거리, 그 짧은 시간에 역사가 바뀌기도 했다. 세조에게 기습을 당한 김종서가 끝내 성문을 뚫지 못한다. 가마꾼 빠른 걸음이면 왕궁까지 20분 남짓이건만. 그보다 먼저 있었던 왕자의 난도 마찬가지다. 이방원이 정도전 쪽을 기습하고 왕궁을 장악해가는 타이밍은 절묘하다. 손목시계도 없던 시절에 말이다.

사람들이 시간을 제대로 알게 된 건 기계 시계가 나오고부터다. 기계 시계는 갈릴레오 때 처음 나왔으나 본격적인 발달은 그로부터 100년이 지난 산업혁명 때라고 한다. 근로자들의 노동 시간을 관리하기 위해서였다. 세상은 발전했으나 사람들은 자신이 만든 시간에 매이기 시작한다.

어릴 적부터 시간이란 반드시 지켜야만 하는 무엇이었다. 초등학교 때 지각해 본 적이 있다. 썰렁한 교정의 을씨년스러움은 홀로된다는 것이 얼마나 어색한 일인지를 알게 한다. 교문을 통과할 때까진 그래도 괜찮았다. 텅 빈 운동장으로 들어서면 건너편 교실까지의 황량함은 이루 말할 수가 없어, 마치 사막을 홀로 걷는 기분이다. 교실 미닫이문 소리는 왜 그리도 크던지, 동시에 나를 향했던 모두의 눈길은? 정말 나 자신이 싫을 정도였다. 우스개로 어떤 아이가 그날 일기로, '오늘은 지각해서 선생님께 혼났다. 다음부터는 결석을 해야겠다.'라고 했다더니, 내가 딱 그런 심정이었다.

시간과의 전쟁은 고교 시절 극치를 달린다. 소위 '4당 5락(4當5落)'이라는 정치 구호 비슷한 말이 있었는데, 잠을 4시간 자면 붙고 5시간 자면 떨어진다는 수험생들 간의 은어였다. 군대 생활은 물론이고 회사 생활은 더욱 그랬다. 제품을 개발하여 만들어 팔고 살피는 모든 대화엔 언제까지라는 시간이 들어있다. 위로 올라가면 좀 낫겠거니 해 보지만 오히려 더 심하다. 기업은 효율만이 최고선인 곳이다. 달리는 기차에서 내릴 때까지는 누구도 시간의 주인이 되어 보기란 쉬운 일이 아니다.

확실히 은퇴란 건 별난 일이었다. 현역 시절에 부족하기만 했던 시간이 이번엔 너무 남아돌아 문제다. 그래서 나간 동네 도서관 복도에서, 「그 꽃」이란 시와 만난 것도 그 무렵이었다. 오를 때 보지 못한 꽃을 내려가면서야 본다는.

바쁘기만 했던 지난 세월이 주마등처럼 스쳤다.

한편으론 위안도 되었다, 시인도 그랬다는 거니까. 내가 글을 쓰기로 마음먹은 건 그때부터였다. 잃어버린 나를 찾아가는 여행이었다. 환갑도 넘긴 나이가 늦었다는 생각도 들었지만 이 문제는 어느 노학자가 해결해 주었다. 백 살을 넘어 살아 보니 육십부터가 인생을 제대로 알 수 있는 나이더라고.

밤이 깊었다. 베란다 격자창 밖으로 보이는 벚나무가 살짝 푸르다. 이제 봄도 다 된 건가 마치 연분홍 잎에 초록 꽃이 피어 있는 듯하다. 푸른 새싹은 곧 뜨거운 여름으로 달리고, 떨어진 꽃잎은 다음 봄을 기약해야 할 것이다. 밤 무게가 겨운 건지 꽃잎 하나가 떨어져 어둠 속으로 사라진다. 왠지 지는 꽃잎에 눈길이 더 가는 늦은 봄날 밤이다.

시바의 여왕

　이번 주도 아내를 조각보 공예 모임에 데려다주고 돌아오는 길이었다. 늦가을 낙엽 흐트러진 사거리에서 신호를 기다리는데 차 안으로 아름다운 음악이 흘렀다. 무척 많이 들어본 가락, 「시바의 여왕」이다.
　참으로 오랜만이다. 이 음악은 대학 시절 매일 밤 듣던 「밤을 잊은 그대에게」라는 음악방송 시그널 뮤직이었다. 통금(通禁)이 있던 당시 깊은 밤 10시 시보가 울리면, 익숙한 음률과 함께 DJ 황인용 아나운서의 나긋한 목소리가 선율을 탄다.

'밤을 잊은' 하고 반 호흡 멈추었다가 '그대에게'가 마저 내뱉는 숨결을 타고 미끄러지면, '시바의 여왕'은 어느새 악단을 이탈하여 내 베개 밑을 파고들었다. 황홀한 청춘의 밤이었다.

다시 듣는 폴 모리아 악단의 연주는 변함이 없다. 시작부터 숨 가쁘게 음조를 높여가며 몰아치는 가락은 가히 사막의 폭풍이다. 그 속을 유유히 걸어가는 낙타와 붉은 히잡(얼굴 가리개)을 쓴 아랍 여인의 매혹적인 눈빛이 스친다. 사막 멀리 별빛이 밤바람에 휘어 감기고 그 별빛이 서로 부딪치는 듯 가녀린 바이올린 소리가 들려오면, 음악만큼이나 감미로운 DJ의 '오프닝 멘트'가 서울의 밤을 가득 채워 갔다. 멘트도 매일 밤 어디서 그런 보석 같은 말들만 캐내 오던 건지.

낭만은 거기까지였다. 따분한 군대 생활을 마치고 들어간 회사란 곳은, T.V 드라마에서처럼 매일 밤 스탠드바 바텐더와 잡담이나 나누는 그런 한가한 곳이 아니었다. 현실은 매일 야근이었고 스탠드바 출입은 당장 술값이 문제였다. 결혼 생활도 '현실'이긴 마찬가지다. 아이들 키우고 양가 어른들 보살피는 그러면서 집 장만 고민도 해야 하는 어느 하나 녹록지 않은 일상의 연속이다. 아내는 어느덧 대한민국 아줌마가 되었고 호칭도 점점 생활 전투형 호칭인 마누라로 바뀌어 간다.

그랬던 회사 생활을 다 끝낸 뒤다. 아내와 함께하는 시간이 늘면서 뜻밖에 아내의 일상을 보게 된다. 그동안은 그저 아이들 교육과 집안일로 하루를 소일하는 줄로만 알았다. 더 솔직하게는 아내의 일상을 잘 몰랐고 그다지 알려고 하지도 않았지만.

잘 보니 무척 안정된 일상이었다. 아내는 매일 아침 남편과 아이들을 배웅한 뒤론 바쁘게든 여유롭게든 나름 자기 세상을 살았다. 적어도 나보다는 시간의 주인으로 살고 있었다. 그러면서 여럿 이룬 것도 있어서 지금 내가 하는 이 글쓰기만 해도 아내는 10년도 더 전에 걸어갔던 길이다.

문제는 온전히 나였다. 세상에 새로이 적응해 가야 했다. 회사는 온상이었다. '노를 젓다가 노를 놓쳤다. 비로소 넓은 물이 바라다보였다.'라는 글귀와 만난 것도 그즈음이었고, 늘 내가 아내를 이끌고 있다고 여겼으나 이제부턴 그렇지 않을 수 있다는 생각이 든 것도 그때였다.

사실 남자들은 일 이야기를 빼면 모든 면에서 서툴다. 내 경우는 가전기기들도 잘 만지지 못하고 쓰레기도 제대로 구분하지 못해서 할 때마다 아내에게 묻는다. 집안일에 막힘이 없고 저 좋아하는 일에 열중인 아내가 무척 자유로워 보인다.

 아내와 함께 차 안에서다. 오전에 들은 음악을 들려주며 말했다, 이 여왕을 소재로 글을 한 번 써 볼 생각이라고. 무슨 얘기를 하고 싶은 거냐며 웃는다. 아버지가 우리 결혼을 승낙하며 가족들에게 했던 얘기를 들려줬다. 대구에서 제일 유명한 집에서 본 사주인데, 며느리 될 사람이 천복을 타고난 사람이라니 당연히 우리 아이에게도 좋을 것이라고. 가족들 모두가 좋아했다. 하지만 아버지가 미처 모른 게 하나 있었다. 그 천복을 바로 당신 아들이 채워가야 한다는 것을. 이번엔 함께 웃었다.

봄은 다시 왔건만

　봄이다. 따뜻한 계절이 돌아왔다. 아직 아침저녁으론 쌀쌀하지만 봄기운이 완연하다. 도로변 기슭에 진달래와 개나리가 보이고 그 사이로 초록 기운이 서린다. 인근 동네 텃밭도 푸릇푸릇하다. 아내랑 산책길에 들러 새싹 보는 재미가 쏠쏠하다. 아내는 다음 주엔 속은 놈으로 새싹 비빔밥 한번 해 먹잔다. 이제 곧 벌 나비가 찾아들고 또 한 번의 생명 순환 사이클이 시작될 것이다.
　겨울에서 봄으로 넘어가는 계절의 화사한 길

목, 세상에 공짜는 없는 건지 나는 해마다 이맘때면 비염으로 고생을 한다. 봄철 이비인후과 진료는 내 환절기 연례행사다. 그 꽃가루 비염이란 불청객을 잘 다스려야 그나마 한두 번의 봄꽃 구경도 해 볼 수 있었다.

생각해 보면 사람에겐 청춘 시절이 인생의 환절기다. 도무지 알 수 없는 상대의 마음 한번 얻어 보겠다며 안갯속 같은 미로를 헤집는다. 그렇지 않아도 늘 있는 비염에다 사랑이란 독감까지 보태진 그해 봄은 유난히도 길었다. 결국, 여름이 지나서야 겨우 그 사람에게 건너갈 수 있었다. 스페인어 배운다는 말이 생각나 회사에 거짓말하고 그 사람 강의실로 불쑥 찾아갔던 일, 언덕길 고장 난 버스에서 내려 꽃가루에 콧물 훔치며 집 앞까지 가 놓고는 막상 대문도 못 두드리던 일 등, 지금도 그 고갯길 기슭에 핀 불그레한 진달래를 보노라면 헤매던 그때 기억이 삼삼하다.

밤으론 아직 춥다. 마지막 꽃샘추위겠지만 봄을 재촉하는 신호이기도 하다. 몇 번째 봄인 건지 세어 본다. 거꾸로 몇 번 정도 남았을까도 헤아려 본다.

돌고 도는 계절, 말 그대로 봄이 해마다 되돌아오는 걸까. 아니다, 봄이긴 하나 새봄이다. 지난 그 어느 봄도 아닌 다른 봄이다. 비염조차 그때 비염이 아니다. 매년 증상도 다르다. 그러고 보니 요 몇 해 비염 고생을 덜 하는 거 같다. 유행했던 코로나 때문에 끼던 마스크와 손 씻기 덕분이리라.

다름이다. 지금의 나도 그때 내가 아니듯이. 그래서 산다는 것도 순간을 사는 거라 했던가. 기억은 그 스냅사진 같은 거고, 마지막엔 그 사진 몇 장 주마등처럼 돌려 보는 것이라고. 그녀의 마음을 얻은 순간 보았던 깊고 짙은 눈동자, 취해서지만 내가 빠트린 뜨거운 곱창을 맨 손가락으로 건져 내주며 보이던 절친의 무한한 눈빛, 날 보면 늘 빙그레 웃던 아버지의 미소. 모든 게 순간이런가?

환절기라, 또 한 계절이 지나간다. 지구가 공전하고 있음이다. 밤하늘 별들이 반짝이는 것도 서로를 밀어내고 있는 것이라 했듯이. 모두 가고 있음이다. 다 어디로 가고 있는 걸까. 봄은 다시 왔건만.

글쓰기

이윽고 수필 반에 등록했다. 대학교 평생교육원에서 일반인을 대상으로 한 오래된 강좌다. 아내가 이미 수년간 수학했던 곳이라 나도 꼭 한 번 기회를 가져 보고 싶었다. 매주 문우분들이 쓴 수필을 접했다. 발간한 책도 여러 권 받았다. 부러웠고 한편 나도 언젠가는 되겠구나 하고 고무도 되었다. 글을 사랑하는 분들과 함께하는 시간이 좋았고 수업 후에 갖는 뒤풀이 시간도 즐거웠다.

그렇게 두 달이 지났다. 아직껏 한 편도 쓰지

못했다. 사람들에게 읽힐 글을 쓴다는 게 사실 여간 힘들지가 않다. 마치 내 알몸을 보이는 것 같은 기분이다.

글쓰기란 걸 언제 해 보았던가. 초등학교 시절 숙제로 쓴 일기가 처음이었던 것 같다. 당시 교장 선생님은 일기 쓰기를 강조했다. 3학년 때부터였던 거 같은데 되도록 길게 써야 했고 맞춤법에도 맞아야 했다. 너무 짧거나 많이 틀리면 그날 청소 당번이 되었다. 나중에 알았지만 맞춤법 교육이었다. 그나마 숙제로 쓰던 일기도 6학년이 되면서는 중학교 입시 준비 때문에 없어졌다. 같은 이유로 고교를 졸업할 때까지 글은 쓸 생각도 못 해 봤고, 대학 때는 주로 읽기만 했다.

회사에서는 주로 보고서나 기안서를 썼다. 이것들은 오로지 전달과 설득만을 목적으로 한 건조한 글이다. 차분하게 창작 글을 써 본 적이 없다. 바쁘기도 했고 무엇보다 마음의 여유가 없었다. 다들 그랬는데 하나같이 먹이 사슬에 걸려 있던 탓이다. 그런 회사 생활을 30년 좀 넘게 했다.

은퇴 때를 생각하면 늘「그 꽃」이란 시가 생각난다. 무료해서 다니던 동네 도서관 복도에서 이 시를 만났는데, 충격이었다. 마치 내 이야기를 하는 것 같았다. 열다섯 자로 된 짧은 시다.

'내려갈 때/보았네/올라갈 때 못 본/그 꽃'. 그랬다. 그저 앞만 보고 달렸다. 지난 세월 못다 한 대화나 사랑, 미처 살피지 못했던 아쉬움과 미련이 멍울 되어 맺힌다. 그나마 내려가면서라도 꽃을 보게 되면 그건 행운이다. 시인은 알고 있었을까. 사람들 상당수가 절벽에서 곧장 떨어지느라 내려갈 때도 그 꽃을 보지 못한다는 현실을. 심지어 그 꽃이 뭔지도 모른다는 진실을.

은퇴하고 잠시 우여곡절이 있었지만, 지금은 다시 회사 일을 하고 있다. 예전과 비슷한 생활로 돌아간 셈이다. 일이란 걸 하고 있으니 무료하진 않으나 이대로라면 또 '꽃구경'하기 힘들 것 같다는 생각이 들었다. 운동이나 여행도 생각해 봤지만, 아니었다. 의미 있는 뭔가를 찾고 있었는데 그게 아내의 권유로 시작한 지금의 글쓰기다.

집안 형편 때문에 가정교사를 해야 했던 대학 초년 시절 일기장이 남아 있다. 열어 보니 그 집 어른들을 보며 쓴 내 부모 이야기가 많다. 집 떠나야 비로소 보이는 내 부모님 모습이다. 내가 지도하던 남매 아이들 이야기도 들어 있다. 중학생인 남동생만 챙긴다며 곧잘 삐치던 누나 아이 이야기가 행간에 걸려 있다. 군데군데 푸시킨의 시구도 보인다. 생활이 그대를 속일지라도 슬퍼하거나 노하지 말라는. 외롭고 울적할 때면 한 번씩 옮겨 써야 잠들 수 있었던 「삶」이란 시다.

절실했던 기억도 있다. 아내와 처음 만난 날 느낌은 지금도 또렷하나, 연이어 떠오르는 옛사람과의 이별 또한 이젠 도리 없는 내 삶의 일부다. 어린 두 아이를 업고 안고 타고 가던 귀성 열차와 우리를 기다리고 있던 아버지 모습이 겹치고, 아버지 떠나보낸 뒤에 그 나이 따라 먹으며 사무쳐 오는 아버지 생각은 지금도 주체하기 힘든 회한(悔恨)이다. 은퇴하고 겪어 본 백수 시절도 있고, 이따금씩 만나는 옛 상사나 부하 직원들 모두 세월에 익어 가고 있는 모습도 보고 있다.

소중한 순간들이다. 그때 느낌으로 돌아갈 수 있는 것부터 하나씩 글로 옮겨 가야겠다. 잃어버린 나를 찾아가는 여정이기도 하다. 되도록 천천히 걸을 것이다, 꽃구경도 해 가며. 이번엔 끝까지 가지 않아도 되니까.

글쓰기를 한답시고 지난날을 다 훑었다. 나를 되돌아보게 한 건 짧은 시였지만 글쓰기란 돌파구를 찾아 준 건 아내다. 글쓰기를 시작한 건 정말 잘한 일 같다. 그리고 보니 그날 아내는 이런 말도 했었다. 쓴 글은 잘 모아 두었다가 나중에 부부 문집 하나 내자고.

그리움은 기다랗다

그리움은 기다랗다

곧 추석인지라 아내를 따라 시장에 갔다. 오후에 아이들이 오면 함께 명절 음식을 할 것이다. 명절 음식이라고 해야 매번 전 부치고 잡채하고 감주 담그는 정도지만, 그래도 한 반나절 북적거리고 나면 나름 명절 기분이 난다.

나는 백화점은 잘 따라가지 않지만 재래시장은 즐거이 따라간다. 둘 다 쇼핑하는 건 같은데 왜 그런지 백화점은 금방 피곤해진다. 층층이 오르내리는 불편함도 그렇지만 한마디로 새미가 없다. 무엇보다 백화점 사람들은 표정이 건조하다. 마치 친절 교육 잘 받은 유니폼 입은 AI들 같다.

시장은 다르다. 투박하긴 해도 진지하다. 백화점 사람들과는 달리 시장 사람들은 길바닥 노점상조차 다 주인이다. 다듬은 취나물을 사는데, 주인아주머니는 뭔가 먹던 입을 한번 훔치고는 '얼마나?' 하면서 성큼 나물을 집어 저울에 올린다. 두어 번에 바로 무게가 맞은 건지 봉지에 담는 손놀림이 확신에 차 있다. 가게 판때기만큼이나 세월 먹어 주름진 얼굴, 어릴 적 대구 서문시장 우리 가게 맞은편 노점에서 채소 팔던 아주머니 모습과 조금도 다르지 않다.

오늘 같은 날 정육점은 몹시 붐빈다. 그래도 번호표 하나 없이 질서정연하다. 주부들의 오랜 구력이 느껴진다. 주인이 아내에게 눈인사를 건넨다. 단골손님 안다는 표시이고 조금만 기다려 달라는 신호다. 사람을 알아봐 준다는 건 기분 좋은 일이다.

재래시장에선 물건값 깎는 사람이 잘 없다. 백화점에서도 가끔 현금을 들이대며 물건값 깎는 사람이 있는데, 재래시장 특히 난전에선 물건을 더 달라고는 해도 값을 흥정하는 이는 보기 힘들다. 이건 아내도 철저하다. 내 은퇴 직후에 잠깐이지만 프랜차이즈 가게를 해 봐서일 것이다. 난전은 영수증 같은 것도 필요 없는 원시림 같은 곳이다. 군데군데 이런 산소 밭이 있기에 헐떡이는 도시도 숨을 쉰다.

　백화점에 들어서면 좀 느긋해지기도 하건만 재래시장에선 나도 모르게 서두르게 된다. 손님도 가게 주인도 다 똑같다. 종종 발걸음부터 빠른 손놀림에 주고받는 말까지 모든 동작이 바쁘다. 10분 단위로 올라가는 지하 주차장 요금 때문도 아니고 집에서의 조리가 급해서도 아니다. 시장이란 곳 본래의 호흡과 맥박이다.

　길거리에까지 진열된 상품과 호객하는 상인들, 그 사이를 비집고 드나드는 사람들이 서로 엉킨다. 그래도 아랑곳없다. 사람들은 그저 사고파는 일만 생각한다. 이런 게 사람 사는 냄새다. 시장에는 백화점엔 없는 사람 냄새가 있다.

　가끔 대구에 가면 옛날 가게가 있던 곳을 찾아본다. 점포가 있던 자리엔 이미 높은 건물이 들어서 있지만 다니던 시장길은 그대로다. 맞은편이 포목상 골목, 조금만 내려가면 군고구마 팔던 난전이 있었다. 그랬다, 학교를 마치면 용돈을 타내느라 매일같이 가게에 들렀다. 내가 지금도 재래시장을 좋아하는 건 시장길 기웃거리며 털레털레 집으로 가던 어린 시절이 그리워서인지도 모른다. 지난 사람 생각하다가 당시 풋풋했던 내 청춘을 더 생각하게 되듯이. 그리움은 내 오랜 상념이다.

베란다 창밖으로 한가위 보름달이 보인다. 얼마 만인가, 절구 찧던 토끼가 없어진 걸 알고부터는 거의 쳐다보지 않던 달이건만. 휘둥그레 밤하늘에 걸린 모습이 마치 환한 거울 같다. 오늘따라 유난히 커 보이는 건 지난 세월 쌓인 그리움 때문일까. 홍시 발라 주던 할머니 생각이 난다. 이젠 내 나이가 할머니 그때 나이보다 더 많건만. 달 저편 너머가 궁금하다. 그리움은 기다랗다.

자판기 커피

밤길 휴게소 자판기 커피 한 잔은 낭만이 있다. 한적한 휴게소 한쪽에 앉아 먼 산을 바라다보노라면, 마치 경 읽다가 잠깐 절 벗어난 철부지 중이라도 된 기분이다. 창백한 달빛 아래 또렷한 능선과 밤하늘 별들, 제법 운치가 있다.

휴게소에선 역시 자판기 커피가 제격이다. 원두커피는 머무는 시간에 비해 나오는 시간이 너무 길다. 맛도 원두커피가 대세이긴 하지만 내 커피 맛은 가루 커피다. 익숙한 향기와 혀끝에 남는 달착지근함 바로 이 맛이다. 가성비도 좋다.

500원짜리 동전 하나로 거스름돈 100원까지 생기니 행복도 두 배다.

어릴 적 커피 하면 부자 나라 미국이었고 부러움의 상징이었다. 연탄불에 끓인 주전자 물을 그냥 아무 컵에나 따라 설탕을 넣고 마구 저은 '코피'라고도 불렀던 커피는, 보릿고개가 있던 가난한 시절 그 자체로 문화 행사였다. 잠시 내가 코 큰 사람이라도 된 듯한.

하긴 당시는 미제라면 뭐든지 고급으로 여겼던 때라 가끔 동네에 나타나는 미제장수 아줌마는 큰 인기였다. 미제장수라, 참 오랜만에 불러 보는 말이다. 입담 좋고 후줄근한 차림의 아줌마가 풀어 젖히는 보따리 속엔 별의별 먹을 것들이 많았다. 소시지, 가루우유며 초콜릿이랑 그밖에 온갖 깡통들, 아이 팔뚝만 했던 치즈는 지금도 기억난다. 그 중에서도 맨 나중에 꺼냈던 게 병 커피였다. 온통 영어로 포장된 커피 병을 이리저리 돌려 만지면서 그걸 전부 읽어 본 사람처럼 얘기를 잘도 했다. 특별히 여겼던 만큼 비쌌다. 좀 산다는 우리 집에도 커피가 있다가 없다가 했으니까.

집에서든 밖에서든 내 모든 시작은 이놈부터 한잔하고서였다. 특히 회사에서 그랬다. 출근하면 일단 한잔했고, 종일 회의니 면담이니 사람 만날 때마다였으니 하루 네댓 잔은 보통이었다. 그러던 중에 출현한 커피 자판기는 편리 자체였다. 무엇보다 골똘히 생각해야 할 때 커피 한 잔은 필수였다. 나중엔 커피 없이는 생각 자체가 안될 정도로. 젊은 시절 동경 생활을 하느라 원두커피를 일찍이 접한 편이긴 하지만 지금도 가끔은 가루 커피를 찾아 마신다. 그게 내 커피니까.

아버지도 자판기 커피를 좋아했다. 둘이서 어딜 갈 때면 가며 오며 두어 번은 커피 자판기 앞에 차를 세워야 했다. 아버지는 끓인 물에다 이것저것 반 순갈씩 넣고 저어야 하는 커피를 한방에 뽑아내 주는 자판기를 무척 신통해했다. 게다가 알아서 거스름돈까지 토해 주니 세상에 이런 기특한 기계가 다 있나 했다.

커피보다도 커피 만드는 자판기가 더 신기했던 것이다. 내가 동전을 넣으면 자판기 곁에 서서 컵 떨어지는 소리, 잔돈 튀는 소리를 확인했다. 윙 하는 소리가 멈출 때까지 조금은 긴장한 얼굴을 하고서. 차에 올라 '됐다, 인제 가자' 하면서 첫 모금 들 때의 느긋하던 표정, 마치 나도 이젠 문화인이라는 듯 피난까지 내려와 정말 좋은 세상 만났다는 듯한.

휴일이면 한 번씩 인척 집을 다니면서 아버지랑 함께 자판기 커피를 뽑아 먹던 일, 퍽 괜찮은 추억이 되었다. 참, 그땐 200원이었다. 단돈 500원으로 커피 두 잔에다 잔돈까지, 행복이 세 배.

사진 속 그 아이들

 20년 전 회사 일로 한창 바쁘던 시절, 큰아이가 입대를 앞두고 있었고 유학 갔던 작은 아이는 여름 방학이라 잠깐 들어와 있던 때였다. 가족 넷이서 동경 가는 밤 비행기를 탔다. 우리가 한때 살던 동네에 가 보는 거였다. 동경 근무를 마치고 귀국하면서 아이들에게 꼭 한 번은 데려오겠다고 한 약속을 10년이 지나서 지키게 된 것이다. 금요일 밤에 출국하여 일요일 밤 비행기로 돌아오는, 상품 이름 그대로 '도깨비 여행'이었다.
 동네 어귀에 들어서자 두 아이 눈빛이 반짝였

다. 제일 먼저 알아본 건 살던 아파트 옆 레스토랑이었다. '치즈 그라탱' 자주 먹었던 곳임을 기억해 낸다. 다음은 유치원이다. 철길 아래 운동장과 야트막한 칸막이를 친 교실들이 그대로다. 운동회 때면 그 운동장에서 온 가족들이 함께 어울려 놀았다. 운동회는 동네 축제였고 아이들은 왕자요 공주였다.

아파트 앞 정류장이다. 엄마 손을 잡고 나온 아이들이 유치원 버스를 기다리며 참새들처럼 재잘거리던 모습이 눈에 선하다. 종점이 유치원인 건 그대로인데 입구에 당시 아이들에게 최고 인기였던 '로봇 카드' 자판기가 보이지 않는다. 유행이 변했나 보다. 비 오던 날 밤 작은 아이가 형에게서 얻은 그 카드 한 장을 보물처럼 껴안고 자는 모습을 보곤, 그 밤에 우산을 쓰고 가서 카드를 뽑아 왔던 기억이 난다.

큰아이가 다니던 소학교(초등학교)다. 미달했던 수영 급수를 따르라 여름 방학 절반을 과외로 다녔던 옥상 풀장부터 교실과 복도, 그리고 나도 운동회 때 보았던 녹색 인조 운동장이 정겹다. 교실 벽 대신에 설치되어 있던 대형 수족관을 지나서 식당까지 다 둘러본 큰 녀석은 감개가 무량한지, 나중에 크면 반드시 결혼하겠다고 했던 여자아이 이름까지 기억해 낸다.

마지막은 우리가 주말마다 다니던 동네 시장이다. 장 보기를 마치면 빠트리지 않았던 회전 초밥집이 그때 그 모습이다. 출입문 낡은 상태까지도 그대로다. 회전 틀 위로 간신히 머리만 내민 채, '여기 마구로(참치 초밥)요, 와사비는 빼고요.'라며 또박또박 말하던 아이들 일본 말이 들리는 듯하다.

배불리 먹고 돌아오는 길이다. 이삿짐으로 가져간 유모차에 작은 녀석은 들어앉고 큰 녀석은 돌아서서 발판을 밟고 손잡이를 움켜잡는다. 옆구리엔 장 본 비닐봉지들까지 주렁주렁 매달고 씩씩하게 나가던 국산 유모차는 동네 명물이었다. 내리막길에서 함께 유모차를 잡아 주던 아내는 지금도 그때를 행복해한다.

일본의 압권은 역시 화산과 온천이다. 그중에서도 분화구에서 유황이 끓어오르고 계곡 전체가 온천수인 '하코네(箱根)'는 유명하다. 게다가 후지산도 바로 그 곁이다. 동경에서 가까워 자주 갔던 곳들인데 아쉽게도 이번엔 시간이 안 되어 가 보진 못한다.

동경에서 완전히 귀국한 건 큰아이가 초등학교 2학년을, 작은 아이가 유치원을 마친 뒤였다. 귀국한 후로도 나는 회사 일로, 아이들과 아내는 입시 준비로 여념이 없는 일상이었다.

　그러던 어느 날 집에 전화할 일이 있어서 무심코 전화기를 돌렸는데 전화기 저편에서 굵직한 남자 목소리가 들렸다. 잘못 걸었다 싶어서 얼른 끊었는데 글쎄, 그게 변성기에 든 큰놈이었다. 세월이 흐르고 있던 거였다.

　그 녀석이 최근에 장가를 들었다. 며느리에게도 보일 겸 녀석의 어릴 적 사진을 정리한 앨범을 넘겨주었다. 유치원과 학교, 놀이동산에서 즐겁게 노는 모습이 담긴 흔적이라 새 가정에 좋은 선물이 될 것이라 여겼다. 그런데 뜻밖에도 녀석은 고맙다고는 하면서도 그다지 흥미로워하지 않았다.

　그랬다, 아이가 사진 속 주인공인 건 맞지만 정작 사진의 주인은 우리 부부였다. 아이들 태어남은 생명의 신비였고 자라남은 즐거움이었다. 심지어 머리 감길 때 찡그리던 얼굴까지도 좋다고 마구 찍어둔 사진들, 그것들은 우리 부부의 추억 창고인 것이다.

　그리고 보니 어릴 적 엄마도 그랬던 거 같다. 어쩌다 온 가족이 모여 앉게 되면 앨범 속 누런 흑백 사진들을 꺼내 보이며 그 시절 얘기를 했다. 매번 똑같은 얘기를 똑같은 길이로 마치 처음 하는 얘기처럼.

　놀이동산에서 찍은 사진을 보며 한 번씩 공연한 시비를

해 본다. 대체 이 아이들은 다 어디로 가 버린 거냐고. 주말엔 어머님께 전화라도 해 드려야겠다.

잡초

코로나 비대면 시대에 어딜 나다니기도 쉽지 않아 양평 쪽에 세 평짜리 두 줄 텃밭을 얻었다. 관광지 '두물머리'와도 가깝고 매주 오가는 길에 밥 먹고 차 마실 곳도 많아서 좋았다.

한 달이 지났다. 그간 봄비도 몇 번 와서인지 모종으로 심은 상추는 이파리를 따줘야 할 정도로 제법 컸다. 씨로 뿌린 시금치와 아욱, 쑥갓은 뭉텅이로 솎아야 할 정도다. 문제는 잡초다. 이랑이고 골이고 온통 풀이다. 아내가 꽃차 재료로 쓰겠다며 꽃씨를 뿌려둔 쪽은 잡초가 더 자랐다.

자란 놈은 파헤쳐 뽑고 어린놈은 뒤집어엎기를 한참 했다. 아마도 여름까지는 이렇게 잡초와 씨름해야 할 것이다.

잡초라 하면 먼저 약하고 하찮다는 느낌이 든다. 하지만 이내 좀 질기다는 느낌이 뒤따른다. 오늘 김매기만 해도 두 번을 해야 했다. 작물 사이사이 잡초들은 보지 못했기 때문이다. 정말 많기도 했다. 어디서들 그렇게 날아든 건지. 생명력도 무지 강하다. 뽑은 놈을 대충 던져 놓으면 그 자리에서 다시 뿌리를 내린다. 정말 징그러울 정도다.

민초(民草)란 말이 있다. 옛날 백성들을 그리 불렀던 건데, 들판 아무 데나 있는 풀처럼 힘없는 사람들이란 뜻이다. 그런데 우리는 왠지 민초라는 말에서 모질다거나 끈질기다는 느낌을 받는다. 백과사전을 열어 봤다. '옛 왕조 시대 백성의 별칭이고, 잡초같이 질기다는 의미가 있다.'라고 적혀 있다. 질긴 백성이란 뜻이다. 글자에 역사가 녹아들어 있는 것이다.

우리 역사의 수많은 외침에는 늘 군사들과 함께 싸운 백성들이 있었다. 임란 때 의병들이 그랬다. 임금까지도 도망치고 없는 이 땅을, 잡초처럼 억세고 질긴 이 나라 백성들이 의병을 일으켜 지켜내었다. 그뿐 아니다. 조선 시대 수많은 민란도 다 백성들이 일으킨 거였다. 그 횟수가 이천

번이 넘는다. 대부분이 생존을 위한 몸부림이었다. 우리 귀에 익숙한 홍길동 난부터 임꺽정, 장길산 등의 난이 그런 것들이다.

자신의 생존을 영주나 권력자 아래에서 숙명적인 것으로만 여겼던 일본 백성들과는 사뭇 다르다. 실제로 일본엔 민란의 역사가 거의 없다시피 하다. 그래서 사전적 의미도 다르다. 일본의 민초는 잡초처럼 그 수가 많다는 의미지만, 이 땅에서의 민초는 끈질김의 표상이 되어 있다.

잡초는 들판에 있는 놈은 관심이 없고, 논밭에 있는 놈은 관심받는 즉시 뽑히고 만다. 태생적 원죄다. 하지만 이건 어디까지나 사람과의 관계에서다. 따지고 보면 잡초도 어엿한 식물이다. 우리가 모를 뿐, 저마다 이름도 있다. 나름 좋은 일도 한다. 숲을 건강하게 지켜 홍수 때 산사태를 막기도 한다. 잡초라고 해서 무조건 무시할 일은 아닌 듯하다. 다 이 세상을 믿고 태어난 소중한 생명이다.

문득, 길가 풀 한 포기도 새롭다던 동창생이 생각난다. 5년 전, 요양 차 시골로 들어간 친구다. 모든 생명에 나름의 이야기를 만들어 넣더니 최근엔 길가의 잡초 한 포기에 꽂혔다. 지난밤엔 그 풀이 마구 걸어 다니는 꿈을 꾸었다며 단톡방을 달군다. 풀이 많이 번진 걸 보고 좋아서 한 말이었다. 끈질긴 잡초의 생명력을 배우고 있음이다.

나야말로 요즈음 식물 움직이는 걸 보고 있다. 어릴 적엔 꼼짝도 하지 않는 식물이 지루하여 강아지나 병아리 같은 동물을 더 좋아했는데, 나이 들어 내가 느려진 탓인지 식물 자라는 게 보이는 거 같다. 한 달 전만 해도 흙투성이 맨밭이던 곳이 지금은 완전 초록이 되었다. 이랑이고 고랑이고 온통 새 생명으로 가득하다. 봄이 부푼다더니 바로 이런 모습인가 보다.

더, 불어

 몇 해 전 송년회 때다. 내 건배 순서가 지나고 옆 친구 차례가 되었다. 자기는 파리 특파원을 지냈으니 불어로 하겠다고 했다. 어쩌고저쩌고하더니 유독 입술을 떨면서 '더, 불어'라고 외쳤다. 그 말이 뭔지 알고 있던 우리는 웃으면서 다 같이 '더불어'라고 화답했다. 함께 더불어 보듬는 친구들이 되자고. 훈훈했던 밤이었다.

 긴 코로나 규제가 풀린 지난 주말엔 좀 걸었다. 마침, 북악산 남측 통로도 개방되었다고 해서 호기심도 일었다. 와룡 공원 아래로 삼청동 안내

소가 나오는데 거기서부터 '청운대'까지가 이번에 새로 개방된 구역이다. 군인들이 주둔한 흔적이 있는, 계곡 하나 정도의 공간으로 특별해 보이진 않는다. 다만, 사람이 막아 놓은 건 언젠간 풀리는 법이라는 생각이 들었다.

내친김에 정상인 '백악 마루'까지 올랐다. 오르며 보는 신록도 좋았지만 인상적이었던 건 사람들이다. 길옆에서 숨 고르는 사람들, 휴게 광장에서 과일 먹는 이들, 아이들을 데리고 온 젊은 부부들 하며 연신 서로를 챙기는 노부부, 모두가 밝은 햇살과 싱그러운 신록을 만끽하는 얼굴이다. 자유 그 자체다. 이리도 자유롭고 싶었던 것을.

어떤 이유로든 사람은 구속당해선 아니 된다. 돌이켜 보면, 유신 시절 우리가 대학 다니던 때 우리가 갈구했던 것도 자유였다. 그저 말을 마음대로 할 수 있는 자유, 불시에 들이닥치는 교내 연행이나 장발 단속 같은 거 없는 자유로운 학교생활을 원했던 거다. 남자들이 군대를 죽기만큼 싫어하는 것도 같은 이유다. 모든 '반 자유'는 그 자체로 죄악이다, 전쟁이나 전염병 같은 경우를 제외하면.

각국의 코로나 방역 모습은 그 나라의 능력은 물론이고 동시에 자유에 대한 인식 수준을 알게 한다. 개인의 자유가 우선인 서구권과 집단 이익을 중시하는 동양권은 좋은 대비다. 우리나라의 방역이 세계인들의 부러움을 사기도 했지만 과연 우리가 잘하기만 했던 것일까? 글쎄다. 대체로 긍정적이긴 하지만, 적어도 많은 영세 자영업자들이 폐업하고 생업을 잃은 건 깊이 생각해 봐야 할 일일 것 같다. 적어도 그들 상당수와는 끝까지 함께하진 못한 셈이니까.

지구의 지배자 인류는 만물의 영장이다. 그런 인류에게 해로운 세균은 박멸당하는 것이 마땅하다. 하지만, 지금껏 인류가 박멸에 성공한 건 천연두 균 하나뿐이라고 한다. 악명 높은 페스트균이며 스페인 독감 균 등은 어떤 형태로든 우리 주변에 남아 있다. 코로나도 마찬가지다. 이미 '오미크론'이라는 살짝 약한 모습을 하고서 함께 살자며 숙주인 인간에게 손짓하고 있다. 인류는 늘 박멸을 외치지만 결과는 공존이었다. 모든 생명이 공존의 길을 찾는데, 인류만 유아독존을 외치고 있는 건지도 모르겠다.

돌아오는 길은 청계천으로 잡았다. 다리 아래에 오손도손 사람들이 모여 있고 물 위로는 청둥오리 한 쌍이, 물속엔 물고기들이 유영한다. 내버려두면 저리도 잘 더불어 지내는 걸. 내려가 앉아 가져온 보온병 커피를 따랐다. 잠시 나도 그들과 함께하고 싶어서였다.

사람에겐, 사람이다

'사람들은 내 글에 그다지 큰 관심이 없다.'

어느 유명 작가가 글 쓰는 두려움을 줄여 주고자 해 준 말이다. 나도 이 한마디를 믿고 4년을 넘게 글을 써 왔다. 나는 글쓰기를 텃밭 가꾸는 것에 곧잘 비유한다. 둘 다 우선은 그것을 하는 재미가 있다. 밭에서 일할 때도 글을 쓸 때도 나는, 뭔가를 만들어 내고 있다는 생각에 너무 즐겁다. 좁쌀만 한 씨앗 한 알이 그 수백 배나 되는 설실을 만들어 내고, 내가 만들어 내는 글은 이 세상에 하나밖에 없는 창작물이다. 효율이 높지 않다는 안 좋은 점도 닮았다. 푸성귀는 사 먹는 것만 못하고, 내 글은 늘 불만스럽다. 그러나 그것들을 사람들과 나누는 뿌듯함이 있다. 경작한 푸성귀는 형제들과 나누어 먹고 내가 쓴 글은 수필 반에서 문우들과 나누어 읽는다.

이렇게 내 멋에 겨워 글을 써 오던 나는 언제부터인지 사람들을 의식하며 글을 쓰고 있다. 특별히 맛깔나는 문우의 글을 만나면 나도 그런 느낌 있는 글을 써 보려고 하는 것이다. 가끔 욕심이 지나쳐 글이 삼천포로 빠질 때도 있지만 그것조차 내겐 수련이다.

문우들 모두가 매주 글로 자신의 얘기를 한다. 재주껏 감추기도 하고 과장도 들어있겠지만, 다 떠나서 글은 마음의 거울이다. 그런 몇 달이 지나면 대략이나마 서로를 알게 된다. 나이 들어 만난 사람들과 이렇게 교감이 된다는 건 경이로운 일이다. 현역 때 사람을 이 정도 알려면 술값깨나 들여야만 했을 것이다. 글이 잘 안 써질 때는 덮어놓고 글모임에 나가 문우들 글을 받아 읽는다. 반드시 글감을 얻는다. 나도 다음번 글 주제로 아버지를, 첫눈을, 죽음을 아니면 이 가을날을 한번 만져볼까 하는 식이다.

경치가 아무리 좋은 곳도 경치 때문에 자주 가지진 않는다. 그러나 그곳에 사람이 있으면 다르다. 소통이 확인되는 순간, 존재와 존재가 마주하는 행운을 갖는다. 그런 만남은 행복이다. 물론 모두 언젠가 헤어지고야 말겠지만, 그래서 인연인 거다. 만남이 없다면 헤어질 일도 없을 테니까.

 글은 계속 쓸 것이다. 나이 들수록 외로워질 터인데 혼자 놀이로 이만한 게 없다. 누가 읽어주든 말든 그건 중요하지 않다. 지금 내가 글을 쓰면서 사람들 생각을 하고 있다는 게 중요하다. 옛사람들은 물론이고, 가족과 친구들, 지금도 만나는 옛 동료들, 텃밭 가꾸며 알게 된 사람들 그리고 글쓰기를 사랑하는 사람들까지 내 모든 사람 이야기다. 언제고 기회가 되면 이 글은 당신 이야기였노라고 이야기해 줄 수 있을 것이다.

 누가 그랬다. '사람'이란 글자를 세로로 써 놓고 잘 들여다보면 '삶'이란 글자가 된다고. 사람에겐 역시, 사람이다.

지공 선사

지공 선사란 말이 있다. 우스개로 지하철을 공짜로 타는 어르신을 칭하는 말이다. 우리가 딱 그 나이여서 매달 동창회 단톡방에는 너도나도 선사가 되었다는 신고가 올라온다. 누가 웃자고 만든 말이겠지만 바쁜 출퇴근 시간은 피하라, 공연히 일반석 젊은이들 앞에는 서 있지 말라는 등 선사로서 지켜야 할 수칙도 달려 있다. 어르신 카드는 분명 어른을 우대한다는 건데 막상 받아보니, 내가 기어코 노인이 되고 말았나 싶어 살짝 서글퍼진다.

우리는 얼마 전까지는 '거안 거사'로도 불렸다. 이것 역시 만든 말인데, 은퇴하고 거실과 안방을 넘나들며 생활하는 백수를 말한다. 다만 일련의 과정이 있다. 누구나 은퇴 직후엔 '거안 실업 회장'이다. 그러다 뭐든지 하면 될 것 같았던 자신감은 이내 꺾이고 거안 거사가 되는 것이다. 말이 좋아 거사인 거지 거사는 거지란 뜻이다. 지공 선사보다 더 미련한 편이기도 하다. 눈치도 없이 종일 집 안에 틀어박혀 있겠다는 거니 말이다.

　일본에도 그런 말이 있다. 소다이고미(粗大ごみ) 또는 누래오찌바(濡れ落ち葉)라고 한다. 집안에 굴러다니는 '거대한 먼지'와 늘 부인에게만 달라붙어 있는 '젖은 낙엽'이란 뜻이다. 30년 전 동경에서 근무할 때부터 많이 듣던 말인데, 그냥 웃자고 만들어진 말 같지만 실은 시대적이면서 역설적인 의미가 담겨 있다.

　일본인들은 대체로 한 10년 정도 위인 사람들이 우리와 비슷하다. 중일전쟁과 2차 세계대전이 한국전쟁보다 그만큼 먼저였기에 일본에선 그 사람들이 우리 베이비붐 세대에 해당한다. 이들을 단카이세대(団塊世代)라 부른다. 인구 덩어리란 뜻이다.

　정서상 나랑 얘기가 가장 잘 통한 사람들이었다. 전후 빈

궁한 어린 시절을 보냈고, 동경올림픽 후 고도 경제성장기 산업 전사로서 가정보다 회사를 우선하여 살다가, 은퇴하고 나니 집에서 천덕꾸러기가 되었다고 말하는 사람들이다. 스스로 그런 엄살 섞인 말을 하지만, 실제로는 나라를 다시 일으켜 세웠다는 남다른 프라이드를 갖고 있기도 하다.

우리 세대도 그렇다. 전후 경제 재건의 주역으로서 늘 가정보다 일을 우선했고, 지난 IMF 사태와 리먼 쇼크까지도 견뎌내었다. I.T로 시작된 디지털 문화에 뒤처지며 은퇴하긴 했지만, 이미 나이 자체가 물러날 나이이기도 하다. 이제 대학에 남아 있는 친구들이 마지막인데 그들도 올해가 은퇴다. 오륙도(56세까지 일하면 도둑놈)라고 조직에서 시샘 받고 주변의 부러움을 사던 때가 엊그제였는데, 어느새 거사를 거쳐 선사가 되고 말았다.

아버님, 안녕히 가시라는 좀 낯선 인사말을 뒤로하고 주민센터를 나왔다. 뜨거운 초여름이지만, 그래도 꽃은 피고 지는 건지 지하철 입구에 능소화가 흐트러져 있다. 어쩐 일인지 요즘엔 떨어진 낙화에 눈길이 자주 간다. 힘들게 매달려 있는 꽃보다 오히려 귀해 보이고 누워 가만히 자리 지키는 모습이 아름답기까지 하다. 마치 저 할 일을 다 마치고 '인제는 돌아와 거울 앞에 선 누님' 같은 편안한 느낌을 준다.

내려가니 플랫폼에 열차를 기다리는 도시의 선사들이 몇 보인다. 때마침 들어오는 열차의 전조등 빛이 눈부시다. 선사들의 찬란했던 한때와 겹치나 했더니 이내 '스크린도어'에 부딪혀 부서진다. 열차가 지나간 플랫폼이 적막하다.

집으로 가는 길

가끔 아내랑 재래시장에 간다. 물론 돕기 위해서지만 나는 좋아서 간다. 재래시장엔 시장 특유의 냄새가 있다. 우선은 물자가 많으니 육류나 생선 그리고 청과류가 풍기는 냄새가 물씬하다. 약재 거리엔 약 냄새가, 원단 골목엔 눈이 매울 정도로 염색 냄새가 진동한다. 그뿐 아니다. 시장 뒷골목 음식점과 포장마차 먹거리 냄새도 굉장하다. 하지만 압권은 그것들이 얽히고설킨 난전(亂廛) 냄새다.

난전은 언뜻 무질서해 보인다. 짧은 거리일지

라도 절대 직선이지 않은 동선은 정신 사나운 미로와 같다. 하지만 나름의 흐름이 있다. 모든 물자는 있을 곳에 반드시 있고 항상 알맞은 거리를 유지하고 있다. '있다, 없다'와 '어디에 무엇이 있는지'에 막힘이 있는 상인을 본 적이 없다. 난전은 상인들의 열정과 손님들의 알뜰함이 교차하는 곳이다. 주부들도 하루 한 번은 치열해야 하는 곳, 사람 살아가는 냄새 밴 곳이 바로 난전이다.

학교가 파하면 무조건 시장 가게에 들러야 했다. 엄마 눈도장도 찍어야 했지만, 무엇보다 그날의 용돈이 필요해서다. 엄마는 학교 과제물 평가나 받아쓰기 같은 쪽지시험에서 최고 점수면 1원씩 주었다. 학교서 받은 100점은 물론이고 '수'나 '참, 잘 하였습니다.'라는 도장, 또는 빨간 색연필로 휘갈긴 '다섯 마루(일본어로서 동그라미)'가 곧 용돈 1원이었던 거다. 당시 1원이면 구멍가게에서 '쇼핑'이 되었고 아이들 간엔 구슬이나 딱지도 넉넉히 살 수 있는 돈이었다.

좁고 긴 난전 골목이 열십자로 만나는 한 가운데에 군고구마를 파는 할머니가 있었다. 늘 낡은 옷차림에 머리엔 수건을 둘러쓰고 허리춤엔 국방색으로 된 전대를 차고 있었다. 시장 안엔 그다지 바람도 없는데도 할머니는 항상 바람 시린 눈을 하고 껌뻑였다. 자주 들르는 나를 보고는, '왔나,

야끼이모?'라고 한다. '야끼이모'는 군고구마의 일본 말이다. 1원어치면 헌 교과서 뜯은 종이 두 장을 붙여 만든 봉투에 들어갈 만큼이었다. 단골이라 더 넣었다는 데도 봉투는 늘 교과서 봉투였다. 언젠가 2원을 줬더니 덥석 전과(全科)를 뜯어 만든 큰 봉투를 집는 걸 보고 알게 되긴 했지만.

  군고구마마다 놋젓가락으로 찌른 약간은 성급한 자국이 나 있다. 나름의 합격품 표식이다. 구멍 난 면장갑을 끼고 뜨거운 자갈돌 위에서, 연신 고구마를 뒤적이고 찌르며 익은 상태를 살피던 할머니 모습이 선하다. 우습다. 그때 그분은 지금 내 나이보다 훨씬 젊은 아주머니였을 텐데 왜 내 머릿속엔 늘 할머니로 남아 있는 건지.

  가던 길로 몇 집 더 가면 닭집이 있었다. 가게 안은 늘 뜨거운 김으로 가득했고, 길가에 나와 있던 내 키보다도 큰 드럼통은 닭의 잔해로 가득했다. 드럼통 주변엔 닭 털들이 날렸는데 나는 멋진 털이라도 보이면 주워다가 연필 꽁무니에 달았다. 언젠가 갔던 학교 단체 영화에서 깃털 단 펜으로 편지 쓰는 주인공을 너무 멋지게 본 것이다. 그래서 교실에선 닭 털 하나 값이 꽤 나갔다. 적어도 안 쓴 연필 한 자루 값은 되었던 거 같고 어떨 때는 청소 당번을 바꿀 수도 있었다.

난전 골목 끝은 시장 어귀였다. 어김없이 파출소와 소방서가 들어서 있었고, 제법 넓은 공터에는 소달구지와 '리어카'(손수레), 지게들이 즐비했다. 장 본 짐들을 들어다 주고 품삯을 받는 장터였다. 집으로 가는 길 조금이라도 편해 보겠다고 소달구지 뒤에 몰래 올라타곤 했다. 나 말고도 그런 아이들이 두엇 더 있었는데 고삐 잡은 아저씬 그냥 씩 웃기만 했다. 이유가 있었다. 언덕길이었으니 내리막도 있었던 것, 미끄러지지 않도록 우리는 일제히 내려서 달구지를 잡아 주어야 했다.

내리막길이 끝나고 담벼락에 반쯤 찢겨나간 채 붙어 있는 영화 포스터가 보이면, 시장은 완전히 끝나고 주택가다. 신작로가 갑자기 심심해진다. 무료함은 질색인지라 조금 아까 포스터에서 본 영화배우들의 역할을 뒤바꾸어가며 공상을 한다. 스토리가 잘 풀리는 날은 그 기분을 좀 더 누릴 요량으로 일부러 걸음을 늦추기도 했다.

그렇게 클라이맥스로 치닫는데 갑자기 뒤에서 나를 부르는 소리를 듣는다. 엄마가 저녁 장을 보고 집으로 들어가다가 앞에 가는 나를 본 거다. 아니, 아까 들어간 아이가 여태 길에서 뭘 하고 있냐고 한다. 순간 계면쩍었지만 그렇다고 내가 아껴둔 주인공 '신영균'과 함께 괴뢰군에 잡혀 있는 '최은희'를 구하러 가기 일보 직전이라 말할 수는 없는 노릇, 그냥 씩 웃으며 장바구니를 잡을 수밖에 없었다.

  몇 해 전 대구에 갔을 때 그 길을 한번 걸어 봤다. 20분도 안 되는 거리다. 그 길을 마냥 걷고 기웃거리며 혼자 행복해했던 것이다. 언젠가 할머니가 그랬다. 어릴 땐 다 크고 멀다고.

인생이 소풍이라고

　소풍이란 시제(詩題)를 받았다. 시상(詩想)을 구해 볼 요량으로 인터넷을 뒤적이다 천상병의 시 「귀천」을 만났다. 오랜만이다. 우리 인생을 한바탕 소풍하는 거라고 노래했던 시다. 인사동에 귀천이란 찻집도 있다. 지금은 아니지만, 시인의 부인이 직접 운영했던 찻집인 만큼 시인의 흔적이 남아 있다. 액자에 걸린 몇 편의 시와 시집 그리고 사진들. 그러고 보니 가 본 지 좀 되었다.
　소풍 같은 인생이라 무언가 달관한 듯한 자세, 멋지다. 어릴 적 소풍이라면 방학 다음으로 기다려지던 것. 전날 잠을 설쳐가며 기다린 건 어쩜 엄마가 싸주는 김밥이었던 건지도 모르겠다. 이른 아침 참새들처럼 덜 깬 눈 비비며 엄마 주위로 몰리던 동생들 모습도 빼놓을 수 없는 추억이다.

 일요일도 없이 가게에 나가던 엄마가 새벽 일찍 김밥 싸느라 힘들었겠다는 생각이 들었던 건 내 아이들 첫 소풍 김밥을 싸면서다. 아이들 소풍 가방 챙기며 살짝 흥분해있던 아내, 소풍 갔다가 돌아온 아이들 재잘거리는 소리에 더없이 행복했던 그날 저녁. 지금도 눈에 선하다.

 문득 엉뚱한 생각이 들었다. 만약에 소풍이란 것이 그 길로 영영 집으로 돌아오지 못하는 것이었다면 그래도 그 소풍이 즐거웠을까? 내 시가 출발한 지점이다.

 시인은 소풍이 끝나면 하늘로, 본래 있던 데로 돌아가는 거라고 믿었지만. 하늘이란 곳이 좀 막연하다. 좀 비과학적인, 하긴 그러니까 문학이긴 하지만. 이제 겨우 두 연을 마친 상태, 머리를 쥐어짠다.

 한 양자역학 물리학자가 이런 말을 했다. 우주는 원자로 이루어져 있고 그 총 원자량은 변하지 않는 거라고. 마찬가지로 우리 몸도 죽으면 결국엔 원자 상태로 되돌아가 우주 어디론가 흩어진다고. 다만, 그 개별 원자들이 생각까지 할 줄 아는 지금의 나와 어떤 관계인 건진 별개의 영역이라고. 어렵다. 역시 종교의 영역인 건가. 어쨌거나 나란 물리적 존재가 완전히 사라지는 건 아니라는 말인 듯. 알 듯 말 듯 충분하진 않지만 대충 세 번째 연으로 해서 욱여넣는다. 이래서 내겐 시가 수필보단 덜 힘들다. 시는 되는대로 던져는 볼 수 있다. 그 이후는 독자의 영역이라니까.

  광활한 우주 한 귀퉁이 태양계와 그 속의 지구별은 특별한 존재. 태양계 멀리서 보면 초록 별, 생명이란 게 있는 지구는 밝다. 태양 덕분에 지구에선 밝음이 기본이지만 우주는 다르다. 우주에선 어둠이 기본이다. 별과 별 사이만 해도 너무 멀다. 기본 거리가 수억 광년이니 가까운 별이라고 해야 탁구공 두 개가 서울과 대전에 하나씩 있는 거와 같다. 그 사이는 진공 상태, 텅 비어 있고 완전히 암흑이다. 그래 바로 이거다. 죽으면 사방이 캄캄해진다. 본디인 어둠의 세계로 돌아간다. 거기가 있던 집일지도 모른다.

소풍

　　　　　이근영

우리 인생을 말이야
한바탕 소풍 한 번 하는 기라던데

그래?
어릴 적 소풍이 즐거웠던 건
그땐 알지 못했지만
돌아올 집이 있었기 때문 아닐까

그럴까
그럼 죽으면 분해되어
본래의 원자 상태로 돌아가는 거란 얘긴 어떨까
조금 낫긴 하군

우주가 본디 칠흑같이 어둡다는 건 어때
죽으면 완전 캄캄해지잖아

그랬구나, 그래서 시인들이
지구살이를 소풍이라 했었구나

주말엔 꽃 구경이나 해야겠다

총량은 불변

 질량 불변의 법칙이란 말이 있다. 물질의 양은 항상 같다는 물리 공식이다. 사람도 그렇다. 간혹 팔방미인같이 뭐든 잘하는 사람이 있긴 하지만 대부분은 그렇지 않고 대동소이(大同小異)[1]하다.
 어릴 적엔 나도 팔방미인이 되고 싶어서 운동이건 오락이건 친구들이 하는 건 다 따라 해 봤다. 산만했던 탓인지 어느 하나 정점에까지 가 보진 못한다. 운동도 기껏 반 대표나 교회 대표 성노였고 평생을 두는 바둑도 만년 중급이나. 학

---

1) 대동소이(大同小異) : 거의 같음.

교에서도 모범생이긴 했으나 일등이나 반장 같은 건 해 보지 못했다. 난 그냥 보통 사람, 내가 만든 말로서 이것저것 조금씩은 되는 '팔방 보통'이었다.

젊은 날 봤던 어느 책에서다. 그게 분명히 아닌 것 같은데도 하면 웬만큼 되는 사람이 문제라는 거였다. 실패를 거듭하는 사람은 그러다가 자기 일을 만나기도 하지만, 무슨 일이든 그런대로 해내는 사람은 죽어야 그 불행이 끝난다는 얘기였다.

'팔방 보통' 사람에게 보내는 경고음이었지만 그때뿐이었다. 먹이사슬에 걸린 생명체의 행보는 단순하다. 그저 위로 또 앞만 보며 간다. 길이 끊어지든지 제가 쓰러지든지. 이룰수록 커지는 불안감, 비등점을 치닫는 실험실 비커나 멈출 수 없는 무한 열차가 연상되는 그런. 어쩌면 사람은 그다지 현명한 생명체가 아닌지도 모른다.

본디 일은 즐기며 하는 자를 당할 수 없다고 했다. 맞는 말이다. 저 좋아하는 일이니 자꾸 하게 되고 그러니 잘하게 된다. 설혹 그리되지 않더라도 최소한 그 일을 하는 동안이 즐겁다. 이래서 교육은 주변에서 좋다고들 하는 게 아닌, 저 좋아하는 것을 찾게 하는 과정이어야 했다.

늦게나마 좋아할 수 있는 하나를 찾은 건 다행이다. 글쓰기다. 학창 시절엔 누구나 시인이고 지금 나이엔 누구나 수필가라지만, 창작이란 건 생각보다 해 볼 만한 작업이다. 대단한 글은 못 되지만 분명 세상에 하나밖에 없는 글이다.

　나름의 진통도 있다. 밤새 행간에 빠져 허우적대기도 하고 사람이 사무칠 때는 끊은 담배 생각이 나기도 한다. 어떨 때는 못다 했던 말에 사로잡혀 삼천포로 빠져들었다가 아예 그 밤을 건너버리기도 한다.

　그랬던 날 새벽은 묘하다. 온 우주와 씨름이라도 한판 한 거 같아 마음 단단하고 며칠은 밥 안 먹어도 될 정도로 배 속도 든든하다. 오로지 오늘 하루를 살아가라고 했던가. 일상을 충만케 하는 데 창작만큼 좋은 것이 없다.

　내일을 위해 흘려보냈던 숱한 오늘들이 아쉽다. 하지만 그런 아쉬움이 남은 세월 사람을 더욱 진심이 되게도 한다. 사과나무가 가을엔 말간 열매를 달아야 함을 알기에 한여름 비바람 뙤약볕 다 받아내듯이, 이 세상 언젠가는 떠난다는 걸 알고 있음이 바로 오늘을 살아가는 힘이다. '팔방 보통'인 사람에게도 헛된 날은 없었다. 인생 행불행, 그 총량은 같다고 하지 않았던가.

옥상 텃밭

옥상에 텃밭을 꾸렸다. 구청에서 받은 텃밭 상자들과 화분들로다. 텃밭 상자 여남은 개에 크고 작은 화분이 스무 개 남짓하니 제법 경작 면적이 된다. 옥상이라 볕도 좋다. 벌써 많이 자랐다. 모종으로 심은 상추와 적겨자는 한 번 따줘야 할 정도고, 씨앗으로 심은 부추와 쑥갓도 싹이 터서 삐뚤삐뚤 줄이 생겼다. 마치 갓 입학한 유치원 아이들이 줄을 서 있는 거 같다.

최근에 이사를 했다. 비어 있던 처가로 들어간 거다. 처가는 3층 다주택 건물인데 한 층은 손아래 처남 네가 쓰고, 2개 층을 우리가 쓴다. 주거 공간과 아내의 공방으로 살던 아파트가 아래위로 복층이 된 셈이다. 아파트 살 때의 평면감도 좋지만 다층 건물 옥상까지의 풍부한 공간감도 그에 못지않게 좋다.

그중에 압권은 아파트에선 없던 옥상이다. 수시로 올라간다. 식물 자라는 거 보는 재미가 좋다. 물 주는 것도 즐겁다. 물방울에 튕겨 가볍게 떠는 잎사귀가 싱그럽다. 소리까지 느낀다, 맥박 뛰는 거 같은. 마치 샤워를 마친 사람 젖은 머리 터는 것 같다.

키우는 강아지가 신났다. 아파트에 살 때도 산책 못 한 날은 베란다 창틀에 코를 박고 바깥바람 쐬던 녀석인데, 이번엔 하늘 뚫린 옥상을 만났으니 최고다. 그리 넓지 않은데도 재주껏 공놀이도 하고 상자 텃밭 사이로 뛰어다니기도 한다. 물도 얼마나 맛나게 먹는지 모른다. 소풍 가서 먹는 김밥이 맛이 더 좋듯이 이놈에겐 밖에서 먹는 물맛이 더 좋나 보다. 텃밭에서 노는 강아지 사진을 가족 대화방에 올렸더니 강아지 맡기고 출가한 둘째 녀석이 제일 좋아한다.

늦은 오후였다. 요 며칠 차가운 봄비가 온 뒤라 냉해라도 입었을까 걱정했는데 다행히 괜찮았다. 흙을 붙들고 살아가는 생명들은 생각보다 강하다. 큰 화분에 심은 고추와 오이, 가지도 자리를 잡았다. 얼마 전에 옮겨 심은 대파도 허리를 꼿꼿이 세워가고 있다. 라면도 끓고 있는 사이에 밭에서 막 따온 대파를 넣은 라면이 가장 맛있다고 했던가. 한쪽 구석진 상자 흙더미엔 웬 풀더미인가 했더니 미나리다. 장모님이 키우던 거다. 다년초인지라 용케도 봄이 된 걸 알고 새 이파리를 내고 있다. 좀 더 자라면 가위로 썩둑썩둑 잘라 삼겹살과 함께 먹으면 별미다.

처가는 본디 아담한 정원을 가진 단층집이었다. 아이들 출산할 때마다, 또 내 일본 근무 앞뒤로 살아봤기에 낯설지 않다. 담벼락 쪽으로 붙은 정원 양 끝엔 석류나무와 대추나무가 있었고, 귀퉁이엔 장모님이 마당 돌 몇 장을 들어내고 심은 토마토가 있었다. 주렁주렁 달린 토마토를 나도 먹은 적이 있다.

아내 방은 부엌에 붙은 작은 방이었다. 무척 아담했다. 결혼 전엔 그 방에서 차도 마시고 음악도 들었다. 한번은 처삼촌이 반갑다며 불쑥 들어와서는 좁은 방에서 뭘 하냐며 거실로 나와 약주나 하자고 했다. 우리에겐 좁은 그 방이 더 좋았던 걸 삼촌은 몰랐던 거 같다. 이젠 다 돌아가시고 안 계신다. 눈 오는 날 첫아이 가진 아내랑 대추나무 옆에서 찍은 사진이 새롭다. 누가 찍어 준 건지, 총각이었던 아래층 처남이었던가 싶기도 하고.

 마당이 옥상으로 올라앉은 셈이다. 옥상 한가운데는 상자 텃밭이고 가장자리는 크고 작은 화분 밭으로 둘렀다. 옥상 난간은 혹시라도 강아지가 튀어 나갈까 봐 '갈대 발'로 높이를 키워 둘렀다. 아늑하다. 이제 옥탑 창고 살짝 그늘진 한편에 파라솔만 놓으면 완성이다. 주문한 남색 파라솔이 품절이라 베이지색으로 바꾸어 들어올 거라고 했다. 아무러면 어떤가, 그 아래에서 해 질 녘 커피 한 잔이면 족한 걸. 함께 즐기던 마당도 좋았지만 나 혼자 즐기는 옥상은 더 좋다.

 아래층에서 강아지가 짖는다. 푸성귀 뜯었으면 얼른 내려오지 뭘 하고 있냐고들 야단이다. 오늘 저녁은 아래 처남네와 함께 쌈밥이다. 사는 재미가 하나 더 늘었다.

덤으로 만난 인문학

최근에 걷기 운동을 다시 시작했다. 지난겨울에 시작한 수영을 코로나 탓에 못 해서인지 체중이 다시 는다. 그냥 걷기엔 무료하여 들으면서 걷는다. 들을 거리로는 뉴스나 시사 담론도 좋지만 인문학 강좌 같은 것이 더 좋다. 강의란 게 본디 소리만으로 내용을 전달하는 것이기 때문이다. 걸으며 듣는다는 건 일거양득이다. 기차 안에서나 반신욕 할 때의 독서도 그렇다. 어차피 써 버리는 시간에 뭔가를 덤으로 취하는 실속이 좋다.

내가 인문학을 만나게 된 것도 이런 자투리 시간에서였다. 몇 년 전, 다니던 회사를 은퇴하고 난 후다. 얼마 지나지 않아 기관의 자문역 자리가 났는데, 중소기업의 해외 업무를 돕는 일이었고 맡은 지역이 인천이었다. 일주일에 한두 번이긴 했으나, 한번 움직이면 오가는 시간만 세 시간이 넘었다. 무료하여 처음엔 음악이나 뉴스를 들었지만, 횟수가 거듭되면서 점점 깊은 이야기를 찾게 되었고 그러다 만난 게 인문학 강좌였다.

르네상스, 임란과 병자호란, 미술사 등 역사 문화 분야로 시작해서 나중에는 종교와 철학 분야로 들어갔다. 강의는 일반 대중을 대상으로 해서인 건지, 간명했다. 강사들 또한 자기 분야에 정통한 분들이라 복잡하고 긴 내용을 알기 쉽게 풀었다. 한마디로 명강의였다.

그렇게 삼 년을 넘어 듣다가 '노자'를 만난다. 강사는 인터넷에서 찾으면 금방 나오는 사람으로서 서강대학교 최 교수다.

첫 시간에 나를 사로잡은 말이 있었다. 철학은 본디 인기가 없던 과목이라 부모님 반대가 심했지만 내가 좋아서 했던 공부였다. 다행히 작금에 인문학 붐이 일어나서 사회적으로도 보람을 느낀다면서, 여러분은 어떠셨나요? 한다. 하고 싶은 일을 했나요, 해야 할 일을 했나요. 그것이 자신이 바라는 일이었나요, 아니면 주변에서 바람직하다고 하는 일이었나요. 후 엠 아이(Who am I)를 묻고 있었다.

사실 이건 모르는 말이 아니다. 청소년 시절이면 누구나 만나는 일생의 화두다. 하지만 그때는 입시 때문에, 그 후로는 먹고사는 일 때문에 그리 깊이 생각지 못했다. 아니, 생각해 보지 않았다는 게 더 맞는 말일 것이다. 매일같이 생기는 회사 일만으로도 일 년 365일이 무료할 틈이 없다. 그 덕에 안정된 생활도 되었으니 그만하면 충만한 일상이라 여긴 것이다. 하긴 배고프지 않은 돼지가 다른 생각을 할 까닭이 없다.

인문학 공부는 회사에서도 시킨다. 위로 올라갈수록 심리학과 함께 인문학 공부를 하게 되는데, 특히 인문학은 기업의 큰 틀을 설계하는 데 유용하다고들 해서 관심이 높다. 하지만, 뭐든지 그것을 일처럼 하면 효과는 반감된다. 다들 연수원에서는 오랜만에 듣는 인본(人本)의 가르침을 현재의 자신과 요리조리 맞추어 보지만, 연수가 끝나기 무섭게 용수철 풀리듯 본연의 전투태세로 돌아가 버린다.

그러나 은퇴하고 듣는 인문학은 달랐다. 특히 나는 은퇴 직후에 잠깐 가게를 하며 어설프게나마 밑바닥 세상을 조금

알아서였던 건지, 인문학 강의마다 전부 내 얘기인 것 같았다. 어떤 구간에선 나도 모르게 한참 생각에 빠져 지나쳐버린 부분을 되돌려 듣곤 했다. 은퇴하고 있던 지적 갈증도 있었겠지만, 가장 큰 변화는 내가 자유로워졌다는 거였다.

길에서 만난 노자는 막연히 알고 있던 꿈속의 도인이 아니었다. 매우 주관적이며, 개성 있고 현실적이기까지 한 인물이었다. 매사를 이상과 현실의 예리한 경계에 서서 자신을 돌아보라고 한다. 온전히 자기가 주인 되는 삶을 살아가라고 한다. 늘 우주를 똑바로 마주하고 깨어 있는 사람으로 살아가라고 가르친다. 강사는 그런 강한 개인으로 구성된 나라가 결국은 강한 국가가 될 것이라고 강조한다.

우연이었을까, 예전에 읽었던 「익숙한 것과의 결별」의 저자 구본형이 죽었단 소식을 들은 게 그 무렵이었다. 저자는 저 좋아하는 일이 뭔지도 모른 채, 해 보니 웬만큼 되는 일에 삶을 다 써 버리는 현대인의 불행을 슬퍼했다. 그는, 내가 이젠 자유롭게 내 영혼을 찾아 나설 때가 되었음을 알려 주려는 듯 자신의 부고를 알리며 노자와 함께 내게 다가온 것이었다.

나는 '노자'를 끝으로 한동안 인문학 공부를 쉬었다. 그 무렵 새로이 맡게 된 회사 일도 있었지만, 그 뒤로 듣는 인문학 강의에선 '노자'만한 자극이 없어서였다. 그렇게 몇 해가 흘렀다. 어쩌면 노자의 가르침을 실험해 볼 시간이 필요했던 건지도 모르겠다.

  지난주였다. 걷기를 다시 시작하면서 도올의 '중용'을 길동무로 잡았다. 40분짜리 58강으로 두 달 분량이다. 그 정도면 체중의 변화도 생길 것이다. 도올의 강의는 흥겹다. 걷기 싫은 날도 그의 카랑카랑한 쇳소리 섞인 목소리가 생각나 신발 끈을 매게 된다. 걷다가 잠시 쉬었다. 어둑한 하늘 저편이 바라다보였다.

막간의 여유

　이른 새벽, 어쩌다 일찍 일어나 마시는 한 잔의 커피는 여유롭다. 아침 햇살과 초록의 싱그러움이 느껴지는 지금, 그저 바깥을 바라다보는 것만으로도 마음이 편하다.
　은퇴하고 가장 좋은 것이 시간에 쫓기지 않는 일상이다. 특히 아침 시간이 좋다. 서둘러 어딜 가지 않아도 된다는 여유, 완전히 풀려나온 해방감, 인생에 이런 아침도 있던 것이다.
　자고 있는 아내가 여유로움을 더해 준다. 달콤한 아침잠이 남편이 해 주는 설거지와 함께 생애

최고의 선물이라고 했다. 은퇴는 누가 한 건지 모르겠다. 집안일에도 일사부재리(一事不再理) 원칙2)이 적용되는 건지, 설거지는 한번 내게로 넘어오더니 되돌아갈 징후가 없다. 사실이지 주부들 가사 노동, 보통 일이 아니다.

매일 밤늦게까지 일과 술자리였던 현역 시절, 지금 생각해 보면 그걸 어떻게 했었나 싶다. 하기야 그 덕에 지금의 작은 여유도 있는 거겠지만. 참, 오늘이 무슨 요일이던가, 생각난 김에 이번 주 알약을 미리 챙겨 둬야겠다. 도무지 요즘은 약을 먹은 건지 아닌지 헷갈릴 때가 많다.

현역 시절 회의도 숱하게 했지만, 다투던 내용은 기억에 없고 쉬는 시간에 깊게 들이키던 담배 생각만 난다. 공항에서도 탑승을 기다리며 마시던 막간의 커피가 좋았고, 동경에서 근무할 때는 기차 간에서 먹던 '마끄노우치(幕の内)' 도시락이 좋았다. 연극배우들이 막과 막 사이에 먹었다는 이름 그대로 막간의 도시락이다. 나도 출장길에 먹었으니 일하는 짬에 먹던 도시락이긴 하다.

그런 틈새 시간이 좋았다. 하나가 끝나고 다음 하나는 아직인 잠깐의 시간, 좀 멍하지만 그렇다고 맹랑하진 않은 그

---

2) 일사부재리(一事不再理) 원칙 : 한번 처리된 사건은 다시 다루지 않음. 이중처벌 금지 원칙.

런 짬이 좋았다. 어릴 적 벽장 속에서 저녁을 기다리며 잠깐 동화책 보던 그런 아늑한 느낌.

종종 어린 동생을 데리고 가게 보고 돌아오던 엄마를 마중 나가기도 했다. 골목에 숨어 있다가 엄마가 보이면 동생이 냅다 뛰어 안긴다. 엄마가 놀라며 좋아했다. 나도 좋았다. 사실은 골목에 숨어 엄마를 기다리던 막간의 시간이 가장 행복했지만.

음악다방 구석 자리에서 사람을 기다리곤 했다. 함께 들을 신청곡을 준비하고 느긋하게 담배 한 대 물던 순간이 좋았다. 그저 마음 그득했던 막간의 시간이. 가끔은 성냥개비 한 통을 다 쌓도록 기다리며 애가 탄 적도 있었지만. 만나서 나눈 숱한 이야기보다 열리고 닫히던 다방 문이 더 기억난다. 그러다 가장 먼저 보인 건 늘 검정 부츠였고. 만남보다 더 좋았던 기다림, 달콤했다.

군대서 훈련받으며 돌려먹던 화랑 담배 한 모금, 한겨울 밤 독서실에서 나가 봤던 차 한 대 없던 큰길, 하산길에 잠깐 쉬면서 살피던 개울 물속, 수없이 마시며 그 안에 담배꽁초 넣어서 버리던 종이 커피잔, 어째서 나는 치열했던 본업의 시간보다 아무 일도 없었던 막간의 생각이 더 나는 걸까.

하루건너 시인과 수필가들을 만나고 주말엔 아내랑 붓글씨를 쓰러 나간다. 이젠 동작이 느려진 탓인지 막간의 시간도 하루씩으로 길다. 그 정도 여유는 가져야 글도 써진다. 쓰고 싶지 않을 때는 쓰지 않아야 한다. 여행도 하는 시간보다 쉬고 싶을 때 쉴 수 있는 시간이 더 중요한 것처럼.

수필 교실도 이제 곧 종강, 내년 봄 개강까지의 긴 막간이 시작되려고 한다. 겨울잠 자는 곰처럼 웅크리고 앉아 내 이야기를 쓸 것이다. 짬에 아파트 단지를 산책하기도 하고, 길게는 며칠이고 너부러져 있기도 할 것이다. 막간의 여유, 어쩌면 나는 막간을 살고 있는 건지도 모르겠다.

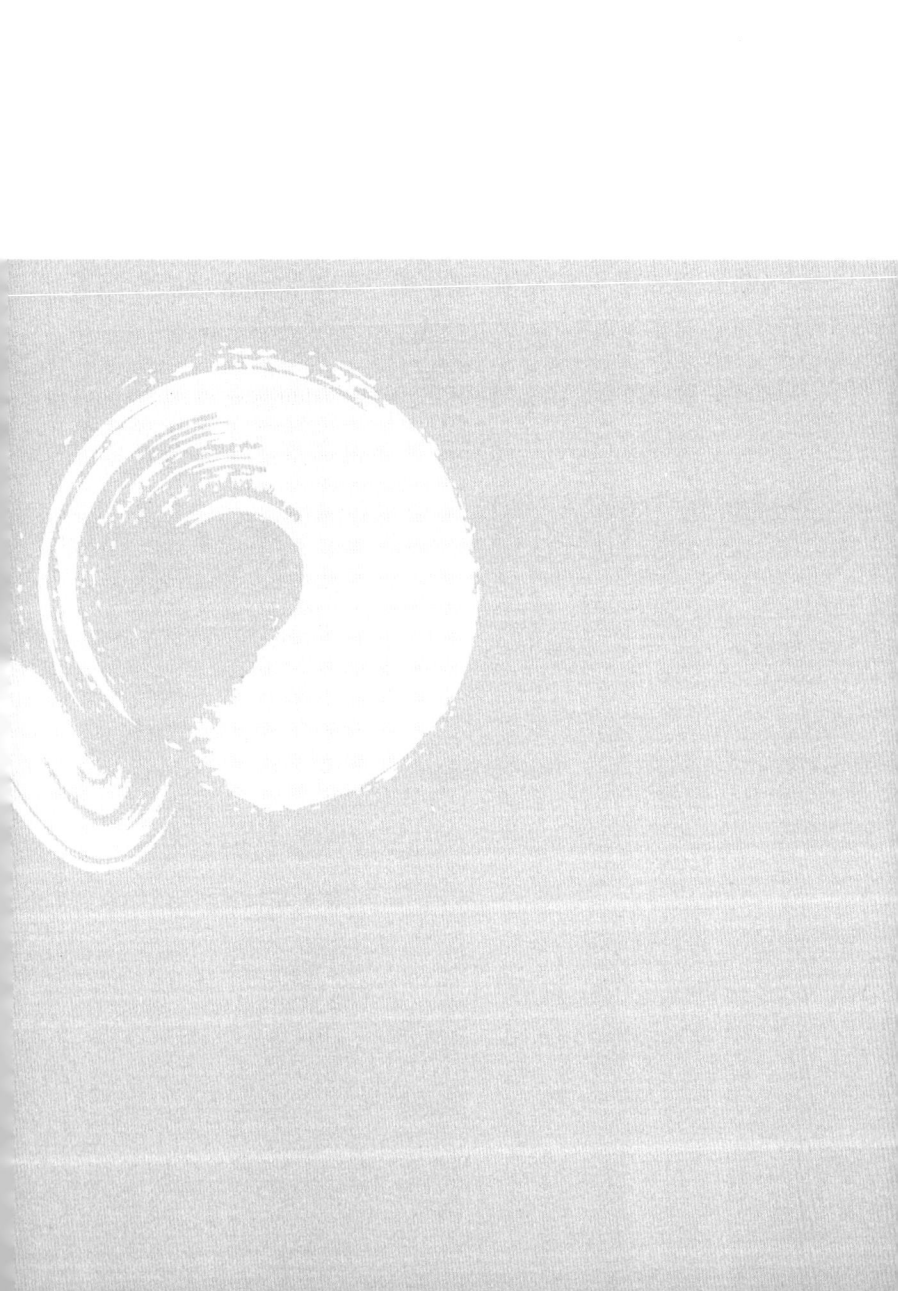

거기 사람, 여기 사람

거기 사람, 여기 사람

영화 「미나리」가 화제다. 80년대에 아메리칸드림의 꿈을 안고 이민 간 가족 이야기다. 정착하기까지의 고통과 좌절, 극복 과정이 잘 묘사되어 있다는 호평이다. 아무 데서나 잘 자라는 그러나 옮겨 심게 되면 일 년은 지나야 번성한다는, 미나리가 영화 제목인 게 인상적이다.

오래전에 읽은 소설 「아리랑」이 생각난다. 일제강점기에 곡물 수탈 항구였던 군산을 낀 김제평야의 한 마을 사람들 살아가는 이야기다. 일제가 벌인 토지 수탈 사업 탓으로 많은 사람이 고향을 떠난다. 일제강점기 시절 사람들이 만주로 떠난 이야기는 알고 있었으나 하와이 사탕수수 농장으로도 간 사실을 안 것은 그때가 처음이었다. 읽는 내내 우울했다. 노동의 강도나 열악했던 주거환경이 노예의 그것이랑 별 차이가 없었기 때문이다. 구하기가 힘들어진 흑인 노예 대신에 헐값으로 고용된, 조선인을 포함한 당시 아시아 농부들은 사실상 거의 '유급 노예'였다.

아버지 고향인 황해도 해주에서도 그랬다. 당시 서당을 다니던 소년 아버지는, 만주로 떠난다며 작별 인사차 들른 마을 사람들에게 노잣돈을 챙겨 주던 증조부를 기억한다. 생계형 이주였다. 물론, 독립운동을 한다거나 장사를 하기 위해 고향을 떠난 사람도 있었다. 하지만 그 수는 생계형이 압도적이었다.

해방되고 전쟁이 한창이던 때 청년 아버지는 이번엔 당신이 고향을 떠난다. 공산당의 핍박과 인민군 징집을 피해 구월산에 숨어 지내다가 우리 쪽에서 보낸 북파 공작선을 얻어 타고 탈출한 것이다. 다행이긴 했으나 그렇게 북에서 피신해 온 사람들은 이 땅의 난민이었다.

농경 사회에서의 고향이란 특별하다. 농사라는 생업이 있고 모여 살다가 죽어서도 묻히는, 그야말로 삶의 전부인 곳이다. 난민이든 이민자이든 고향을 떠났다는 건 같지만 따지면 난민 쪽이 더 한심했다. 이민자들은 그래도 나름 살 궁리를 하며 미리 준비라도 한다지만 난민은 난리통에 뭘 충분히 챙길 수가 없다. 가진 건 맨몸뚱이 하나뿐, 그래서 난민들은 무슨 일에든 악착같아야 했다. 이북 사람들이 추운 지방에서 살아서 지독한 거라고들 하지만 그걸 북방 기질로만 특정 지어 보는 건 미흡하다. 그들에게 정착은 또 하나의 전쟁이었다.

해방되고 두어 세대가 흘렀다. 배 밑창에서 한 달씩이나 고생하며 하와이로 건너간 사람들부터 비행기 타고 이민 간 영화 미나리 가족까지 모두, 이젠 그쪽 사람이 되었다. 하기야 이주로 치면 일제강점기에 일본으로 건너간 사람들이 가장 많았고 먼저였다. 가까웠고 왕래가 자유로웠으니 당연한 일이다.

대학에서 동문수학했던 내 일본 교포 친구도 3세다. 최근에 손자를 봤다니 5세까지 흐른 거다. 그는 아직 귀화하진 않았으나 속은 이미 일본인이다. 사람은 환경에 동화되는 법이다. 동경에서 살며 축구 경기를 볼 때도 한일전에선 당연히 우리나라를 응원하지만, 일본이 다른 나라와 겨루는 경기에선 나도 모르게 일본 편에서 보게 된다. 저쪽은 모르고 이쪽은 조금이나마 알기 때문이다. 고작 5년에 그럴 수 있으니 대를 이어 살아온 그들은 말할 것도 없다. 사람은 거기 살면 거기 사람이 되는 것이다.

살면서 나 자신을 특별히 난민이라 생각한 적은 없지만, 우리도 월남 집안이다. 3세인 내 아이들이 장성했으니 곧 4세가 생겨날 것이다. 고향 가 보긴 틀렸고 이젠 꼼짝없이 여기 시조가 되고 말았다던 노년의 아버진 가끔 나를 붙잡고 육백을 쳤다. 육백은 일본식 화투놀이다.

언젠가 아버진 화투를 간추리다가 고향 생각이 났던 건지 '둘 다 못됐지만, 빨갱이들이 더했어.'라며 혼잣말을 내뱉었다. 일제하에서는 힘들었어도 고향에서 살아갈 수 있었지만, 공산 치하에서는 살아갈 수가 없었다는 말이었다. 결국 모든 걸 **빼앗기고** 목숨까지 위태로워지자 고향을 떠나고 말았던 것이고.

아버지의 반공은 결코 이념적인 반공이 아니었다. 겪으며 반공주의자가 된 것이고 다시 이 땅의 민주 시민이 된 것이다. 긴 세월 그렇게 살았다. 아니, 살아낸 거였다. 거기 사람으로 또 여기 사람으로. 한국 미나리가 미국 가서도 뿌리내리고 *꿋꿋*이 살아가듯이.

마지막 선비

T.V를 보면 공직자들의 부정과 갑질 고발 뉴스가 자주 나온다. 대체로 당사자들은 부인하거나 변명한다. 물론 보도 내용과 다르고 억울한 부분도 있을 것이다. 하지만 그렇다고 모르쇠나 우기기로 일관하는 건 자신의 양심 문제를 실정법으로 가리겠다는 태도다. 안타까운 일이다. 옛 선비들은 오얏나무 아래서는 갓끈도 고쳐 매지 않았다고 했다. 옳든 그르든 좋지 않은 구설에 오르는 것을 자신의 부덕이라 여긴 것이다. 이게 우리가 일찍이 배운 도덕이다.

인터넷에 들어가 '1974년 입시부정'이라고 치면 오래된 기사 하나가 나온다. 대구 지역 고교 입학시험 부정 사건인데 당시로선 전대미문의 사건이라 대서특필되었다. 시험을 치르고 나온 학생들이 하나같이 얘기를 한다. 사지선다형 문제에서 정답이 되는 번호는 똑바르고 나머지 세 번호는 옆으로 누워 있더라고. 미리 시험 문제를 빼돌려 정답을 아는 사람만 알 수 있게 재인쇄를 한 것이다. 필경사와 몇몇 학부모 그리고 학교 교련 교사가 결탁하여 저지른, 지금 보면 좀 촌스럽기까지 한 수법이었다. 이 사건으로 해당 학교들은 재시험을 치렀고 관련자들은 처벌을 받았다.

　며칠 지나지 않아서였다. 국사 수업 시간이었던 것 같은데, 교육감이 문지방에 목을 매고 자살했다는 얘기를 듣게 된다. '가문과 교직 30년 명예에 씻을 수 없는 오점을 남겼다. 죽음으로 세상에 용서를 빈다.'라는 게 유서였다. 국사 선생님은 그분(김주만 교육감)을 이 땅의 마지막 선비라고 불렀다.

　고려 말에 생겨난 신진 사대부들이 가장 으뜸으로 삼았던 가치는 의로움이었다. 그 가치를 앞세워 왕권까지도 나누어 가진 나라가 조선이었고 이는 당시 세계 어디에도 없던 통치 체제였다. 사대부들의 맑은 정신으로 충만했던 세종 시대는 실로 조선의 르네상스였다. 이렇듯 오로지 의로움 하나로 '리더십'을 발휘하고 자신의 자존심을 지켰던 당시 지식인들을 선비라고 불렀다.

선비 정신은 세조가 등극하면서 크게 흔들린다. 소위 계유정난 공신[3]들이 이로움을 앞세워 스스로 선비의 초심을 버린 거였다. 그들을 훈구파라 불렀는데 역사에서 부패 세력의 대명사가 된다. 한번 짓밟힌 의로움은 반전의 기회가 전혀 없진 않았으나 임란과 당파 싸움을 거치며 대체로 이로움의 그늘에 갇힌다.

인류 역사가 의로움과 이로움의 갈등의 역사이긴 하다. 긴 중국 역사서 전체를 관통하는 하나도 충신은 고달프고 간신은 대대로 부귀를 누린다는 사실이라 했다. 서늘한 진실이다.

본디 시대의 엘리트들이 권력자와 맞서는 일은 늘 위험하다. 그나마 옛 선비들은 좀 나았다. 벼슬을 하다가

---

[3] 계유정난 공신(癸酉靖難功臣) : 세조가 일으킨 '계유정난'의 공신들. 한명회, 신숙주 등이 있다.

도 임금과 뜻이 맞지 않으면 병이나 효도를 핑계로 물러나기도 했다. 그렇게 낙향해도 그들은 선비요 지주로서 그 지역 맹주였다. 조정에 대한 영향력도 여전했다. 우암 송시열이 대표적이다. 평생에 벼슬했던 건 불과 3년에 지나지 않았으나 실록에 그의 이름이 임금 다음으로 많이 나올 정도다. 아마도 신분과 기득권이 그런대로 유지되던 당시가 농경사회였기에 가능했을 것이다.

지금의 산업사회는 다르다. 자리를 잃으면 한 번에 전부를 잃는다. 딱히 돌아갈 곳도 없다. 그러니 지금 지식인들이 그만큼 참과 거짓의 경계에서 더 번민한다고 할 수 있겠다. 마치 먹이 사슬에 걸린 짐승처럼 현대 지식인들은 무기력하다. 가끔 쓴 말을 하는 의인이 있긴 하지만 통하지도 않고, 조직에서도 결국은 영리하지 못했던 사례로 회자되는 게 보통이다.

시대의 패러다임이 변한 것이다. 국사 선생님은 당시, 한국의 70년대가 농경사회를 마감하고 산업사회로 접어드는 변곡점임을 꿰뚫어 보고 있었다. 그 공간으로 서구 물질주의가 밀고 들어올 것도 알고 있었다. 그래서 선생님은 그 교육감을 '마지막 선비'라며 수업 시간 내내 애

절해 했던 것이다.

 내 어릴 적만 해도 도둑은 있었으나 강도는 없었다. 도둑도 밤에만 다녔다. 그래서 대문도 온종일 열려 있었고 대문 안으로는 동냥 온 거지들도 함부로 들어오지 않았다. 전후 가난하고 어수룩한 시절이었지만, 도둑도 거지도 제 분수와 염치를 지키던 세상이었다.

 그 시절이 그립다. 하지만 슬프게도 문명이 지금보다 불편한 시절로 되돌아가지 않는다는 건, 내가 살아온 경험만으로도 알 수 있는 일이다. 인류는 지금 바벨탑 어디쯤을 쌓고 있는 것일까? 마지막 선비가 걸어간 뒤안길로 한 걸음씩 다가오는 알파고[4]의 거친 숨소리가 들려오는 듯하다.

---

4) 알파고 : 이세돌과 겨루었던 초창기 바둑 AI.

평화 시대 · 1

"여름 산은 괜찮지만 겨울 산은 안돼."

여름철 계곡에 갈 때면 아버지가 창밖을 보며 하던 혼잣말이다. 나중에 알았지만, 겨울 산은 속이 들여다보이니 함부로 움직이면 위험하다는 말이었다.

아버진 미처 남하하지 못한 국군들과 함께 구월산에 숨어 있다가 전쟁 끝 무렵에 우리 측 공작선을 타고 탈출하지만, 여름 겨울을 다 겪어야 했던 산 생활은 당신 평생의 트라우마였다.

아버진 해방 직전에도 일본군 징병을 피해 산

생활을 했었다. 두 번의 산 생활 얘기를 할 때면 일본 놈 욕도 했지만 빨갱이들 욕을 더 했다. 언뜻 이상하게도 들렸지만 실제로 집안이 완전히 파괴된 건 그 땅에 공산당이 들어서고다.

해방 후 북한에서 김일성의 등장은 조선 500년 질서가 무너지는 역사적 사건이었다. 세상이 뒤집힌 것이다. 사회주의가 어떻고 민주주의가 어떻고는 나중 이야기다. 대를 이어 종살이하던 머슴들이 공산당 완장을 차고 주인을 핍박했다. 아버진 그러는 머슴들을 꾸짖으며 분통해하던 노 할아버지를 기억했다.

직전에 세계대전이 있었다. 식민지 쟁탈전에 늦었던 나라들이 벌인 분탕질이었고 그 결과는 우리가 아는 대로다. 늘 당하는 자는 따로 있는 건지 일 저지른 일본은 온전했고 관련도 없던 우리가 분단되었다. 게다가 서로 간에 전쟁까지 했다. 이보다 더 큰 비극은 없다. 독립군들까지도 남북으로 나뉘어 싸운 것이다. 친일과 반공이 뒤범벅된 소용돌이 속에 아버지와 같은 희생자들이 생겨났다. 살아오던 땅에서 살 수가 없게 된 사람들이다. 이들에게 빨갱이란 존재는 '공산수의자' 이전에 원수다.

전쟁이 끝난 지 70년이 되었다. 그동안 남북 간 사건도 갈등도 많았지만 나름 평화다. 특히 우리 세대는 월남전까지 비껴간 운 좋은 세대이기도 하다. 근데 평화란 무엇일까? 전쟁이 없는 상태를 말하는 걸까? 그러니까 전쟁만 하고 있지 않으면 평화로운 세상인 걸까?

우리는 국어책보다 '반공 방첩' 포스터와 같은 거리의 글자로 먼저 한글을 깨친 태생적 반공 세대다. 생각해 보면 초등학교에 들어간 것이 전쟁 끝나고 고작 10년째가 되던 해였다. 학교서도 집에서도 온통 6·25 이야기였다. 그 후로도 매일같이 국기 하기식이 있었고 매달 방공 훈련도 했다. 가끔은 무장 공비 사건에 치를 떨어야 했고.

한 중학 동창은 모임에서, 입학하고 한동안 '승공 통일'이 학교 교훈인 줄 알았다고 해서 함께들 웃었다. 학교 건물을 덮을 정도로 가장 큰 글자였기 때문이다. 북쪽도 마찬가지일 것이다. 서로가 서로에게 죽임을 당했다고 믿는 한, 상대에 대한 원한을 품고 있는 한 그 시대는 결코 진정한 평화 시대라 말할 수 없을 것이다.

이 땅에서도 오랜 평화 시대가 있었다. 병자호란 후 200년도 넘게 지속한 태평세월이 그것이다. 끝머리에 청일 전쟁이 있긴 했으나 제한적이었고 두 차례의 세계대전도 이 땅을 비껴갔다.

매일같이 싸우던 유럽에 비하면 정말 평화로웠다. 그 끝머리에 태어난 사람들이 우리 할머니들이다. 뜻하지 않게 6·25 전쟁을 만나 고난은 겪지만 그분들이 이 땅의 마지막 평화 세대였다. 그래서인지 함께 살던 고모할머니도 쓰는 용어가 달랐다. 우리가 쓰는 그 흔한 전쟁이나 평화란 말은 잘 쓰지 않았다. 당신들이 자라던 일상에선 없던 말이기 때문이다. 그냥 난리라고 했다, 살다 살다 그런 난(亂)은 처음이라고만 했다.

단 한 번이라도 전쟁은 장난이 아니다. 어떻게든 살아남아야 했고 전쟁이 끝난 후에도 살아가야 했다. 특히 북에서 피난 온 사람들에게 정착은 또 다른 전쟁이었다. 나도 그런 세월을 아버지랑 함께 헤쳐온 셈이다. 실로 격동의 세월이었다. 이제야 한숨 돌리고 가끔 아이들과도 6·25 이야기를 해 보지만 정작 얘기를 길게 끌고 가지 못한다. 본디 내가 직접 겪지 못한 얘기는 전달에 한계를 갖는 법이다.

전쟁의 반대말은 평화라기보다는 일상이라 했다. 그래서 엄마에겐 전쟁터로 나간 아들이 돌아와야 비로소 그 전쟁이 끝나는 거라고. 마찬가지로 평화도 전쟁이 멈추었다고 곧바로 시작되는 게 아니었다. 한 세월 지나 6·25에 무덤덤한 아이들 표정을 보니 이제야 평화가 깃들려는 것 같다. 눈

내린 겨울 산은 그냥 멋진 설산이기만 해야 한다. 진정한 평화 시대를 꿈꾸어 본다.

평화 시대 · 2

    양극화가 심하다. 뭐든지 큰 것만 잘 되고 작은 건 힘들다. 전문직인 변호사, 회계사, 의사들도 그렇고 심지어는 교회나 절까지도 작으면 어렵다. 전후 70년, 먹고사는 게 나아진 건 틀림이 없는데 세상은 더 팍팍해졌다고들 한다. 빈부격차가 벌어지면서 상대적 박탈감이 커진 탓이다. 분배의 문제다.
    나는 베이비 붐 세대 사람이다. 전후 부흥기에 기업에서 근무하며 선배들인 해방둥이 세대가 이끈 성장 시대를 함께했다. 당시는 성장이 급했고 따라서 속도만이 중요했다. 분배란 게 진지하게 논의된 적이 별로 없다. 집착한 점도 있지만, 생활이 분명 어제보다 오늘이 더 나아지고 있었기 때문이다. 이 믿음은 한때 정치가 독재로 가는 것까지도 암묵적으로 지지하게 했다. 성장이란 기치 아래 많은 것이 용인되었다. 선배 분들이 태극기 집회에 많이들 나가는 것도, 정치적 성향도 있겠지만 이 나라 경제를 일으킨 자부심을 지키겠다는 정서적 측면이 강하다. 성장과 속도만이 최고선이던 시절 적정분배라는 게 들어설 자리는 좁았다.

거슬러 올라 어릴 적으로 가 보면 그땐 나눌 것 자체가 부족했다. 우린 웬만큼 사는 집이었는데도 뭘 풍족하게 나눠 가졌던 기억이 별로 없다. 자라면서도 그저 아끼고 모으는 것만 알았지 누굴 돕는다는 건 잘 몰랐다. 우리도 아버지랑 함께 배고파 봤거나 그런 위기감을 품은 사실상 전쟁세대들이었기 때문이다. 물론 학교에서 베푸는 미덕을 배우기는 했다. 하지만 베풂은 배워서 아는 게 아니다.

올림픽까지 치르고 생활 여유가 생겼음에도 우리는 여전히 베푸는 일에 서툴다. 가까운 이들에게서 불행한 일이 생기면 돕기는 하지만 여전히 체면치레나 마지못해서 하는 편이다. 결코, 마음으로 돕고 그것으로 행복해하는 모습들은 아닌 듯하다. 그저 오늘도 더 나은 내일에 열중하고 있을 뿐이다. 베푸는 것도 어릴 적부터 보며 자라야 커서도 잘할 수가 있는 법이다.

공평하게 잘 나눈다는 것은 본디 쉬운 일이 아니다. 부자들이야 나눌 게 많아서라지만 일반 사람들도 얼마 되지 않는 유산을 놓고 갈등하는 걸 보면, 사람마다 만족도를 같게 한다는 건 어려운 일이다. 무엇을 나누어 가지든지 누굴 돕든지 그저 내가 좀 손해 보겠노라는 넉넉한 마음이 받쳐 주어야만 한다. 그러려면 역시 나눌 게 충분해야 한다. 예로부터 곳간에서 인심 난다고 했다.

이래서 아직은 좀 더 성장해야 할 때라는 생각이다. 이건 해외 시장에서 경쟁을 해 보면 잘 안다. 나라 간에 총칼 싸움이 잦아든 이 시대의 전사는 바로 기업이다. 기업을 두고 이런저런 말도 많지만 그래도 벌어들일 수 있는 곳은 기업뿐이나. 기업은 자신의 생존을 위해서라도 효율 높은 시스템을 갖추고 있고, 구성원들은 안팎으로 온통 경쟁 상태에 놓여 있기에 근면하다. 오로지 벌어들이기에 최적화된 전문 조직이다. 이런 기업을 통해 파이를 좀 더 키워야 한다. 나눌 것이 내 집 안에 있어야 나누며 싸우기라도 해 볼 수가 있는 것이다.

  지난날을 되돌아보며 얼어붙어 있던 마음을 좀 녹여 볼까 하다가도, 성장과제 앞에서 나도 모르게 긴장해 버린다. 전후 결핍이 트라우마가 되어 좀처럼 떠나질 못하고 있는 탓이다.

  전쟁을 겪은 아버지 시대 화두가 생존이었고 우리 때가 생활이었다면, 우리 아이들 시대는 행복이나 엔조이(즐기기) 정도가 될 것 같다. 가끔 T.V를 보면서 6·25나 보릿고개 이야기를 해 보지만 잘 알지 못한다. 관심도 없어 한다. 걱정도 되지만 같은 이유로 희망도 보인다. 바야흐로 결핍의 시대에서 축적의 시대를 거쳐 나눔의 시대로 접어들고 있음이다. 남은 일은 생겨나는 손주들에게 되도록 베푸는 모습을 보일 일이다. 진정 평화롭고 복된 내일을 꿈꾸어 본다.

훈장과 엄마

 남자들은 군대 생활이란 특별한 경험을 한다. 사실 본인에겐 심각한 문제다. 학업은 물론이고 사귀던 여자와의 관계, 심지어는 인생 진로에 결정적인 영향을 주기도 한다. 나 역시 병역 문제를 고민했지만 내 경우엔 고민할 게 정해져 있었다. 돈이었다. 고3 때 집이 어려워지면서 가난이란 걸 경험하는데 그 가난은 아버지가 재기하면서 끝이 나지만, 나는 힘든 대학 시절을 보낸다. 그런 가운데 선택한 것이 군 복무 기간이 짧고 장교 월급도 보장되는 ROTC였다. 3학년에 머리를 깎고 군사훈련을 받게 되니 내 대학 시절 낭만은 거기까지였다.

졸업하고 소위로 임관했던 1979년은 격동기였다. 그해 가을 Y.S(김영삼 총재)가 의원직에서 제명되면서 부마항쟁5)이 일어나고 10.26 박정희 대통령 시해와 12.12 신군부 군사 반란 그리고 '80년 서울의 봄에 이은 5.18 민주화 운동과 5공화국 수립까지, 전부가 내 소위 중위 때 일어난 일들이다.

특히 부마항쟁 때는 내가 계엄군이었다. 부산의 군수사령부가 부산과 마산 지역 계엄사령부가 되면서 예하 부대에 있던 내가 그날로 계엄군으로 차출된 거였다. 그 이유는 지금도 모르지만 내가 맡은 일은 외신의 한국 관련 내용을 확인하는 일이었다.

내 옆자리는 국내 언론 검열팀이었다. 장교 두 명이 매일같이 기자들과 실랑이를 했다. 군인이 다친 건 아예 쓰지 못하게 했고 민간인이 다친 경우에도 되도록 순화시킨 표현으로 쓰게 했다. 사실 당시 민심은 심각했다. 조그만 자극

---

5) 부마항쟁 : 1979년 10월에 부산과 마산 지역에서 김영삼 총재의 의원직 제명에 항거하여 일어난 소요. 계엄령까지 선포되었던 당시엔 부마사태라고 했음. 진압은 되었으나 10.26 박정희 대통령 암살과 12.12 군사 반란 등으로 이어지는 시발점이 되는 사건임.

으로도 반유신 기운이 전국으로 확산할 우려가 있었다.

　바깥은 훨씬 험악했다, 그래서 계엄령도 발동된 거겠지만. 무엇보다 시민들을 학생 시위대와 격리하는 일이 시급했다. 공수부대까지도 투입되었다. 초기 며칠간이 가장 심했다. 훗날 당시 부산으로 출동했었다는 특전사 출신 동기생도 막상 그때 얘기는 하려 하지 않았다.

　다행히 질서가 어느 정도 회복되자 나처럼 차출된 장교들은 먼저 부대로 복귀했다. 동기생들이 고생했다며 귀대 환영회를 열어 주었다. 오랜만에 마을 이장 집 별채에서 화투랑 카드놀이를 하며 밤을 새우고 새벽에 부대로 돌아가는데 분위기가 이상했다. 바로 10.26 아침이었다. 간밤에 전 부대가 발칵 뒤집혔다고 했다. 육군 소위 17명이 완전히 증발했기 때문이다.

　그날로 외출 외박이 금지된다. 그렇게 한 달이 지났고 우린 외박 금지가 풀린 기념으로 다시 자축 파티를 가졌다. 이번엔 폐쇄를 앞둔 산속 BOQ(총각 장교 숙소)에서였다. 다시 아침이 되었는데 공교롭게도 그날은 12.12였다. 이렇게 해서 우리 부대 ROTC 출신 장교들은 문제 장교가 되었다. 외박 금지는 당연했는데 이듬해 3월에 중위로 진급되고서야 겨우 풀린다.

바깥세상은 다시 1년을 거칠게 흐르며 5공화국이 수립되었고 제대를 앞둔 나는 사회로 나갈 준비로 바빴다. 당시엔 우리가 회사를 고르던 시절이어서 제대한 7월부터 바로 직장 생활을 시작했다. 역시 사회에선 학연 지연은 물론이고 ROTC 인맥도 중요한 네트워크였다. 서로들 초록 루비가 박힌 두툼한 임관 반지로 같은 출신임을 알아보곤 했기에 나도 고향 집 엄마에게 맡겨둔 반지를 가져와야 했다.

제대 보따리 속에 넣어둔 반지를 물었다. 엄마는 반지를 찾아 주면서 곁에 있던 반짝거리는 금장 패찰6)이 뭐냐고 물었다. 잊고 있었지만 제대하기 몇 달 전에 받은 '국난 극복 기장'이었다. 5공화국이 들어서며 당시 전 군경 간부들과 공직자들에게 수여했던 거다. 우리 학군장교들도 받았는데 좀 미안했다. 일부러는 아니었으나 '국난' 때마다 부대를 이탈했었으니 말이다.

당시엔 기장이란 게 뭔지 나도 정확히 몰랐고 또 길게 설명하기도 그렇고 해서, 그냥 훈장 같은 거라고 되도록 짧게 대답해 주었다. 이어서 다들 받은 거라고 덧붙였지만 엄마는 내가 훈장을 받았다는 말만 귀에 꽂혔던 것 같다. 동네 소문이 난 건지 고향 집에 내려가면 마을 이웃 어르신

---

6) 패찰 : 가슴에 달거나 목에 거는 명찰 같은 것.

들도 나를 대견하게 여기는 듯해서 좀 민망했다.

  국난 때마다 술만 먹다가 받은 '국난 극복 기장'이 졸지에 훈장이 된 사연은 내 주변 사람들은 다 아는 에피소드다. 엄마만 모른다. 지난여름이었다. 그 기장을 백지화한다는 문재인 정부의 발표가 있었다. 본디 흔했던 것이라 특별한 애착은 없었으나 나름 격동의 현대사가 새겨진 사연 많은 기장이다. 내 것만이라도 장롱 속에서 평안하길 빌어 본다.

계단 저 아래

 오늘이 본 투표 날, 투표를 마치고 돌아오는데 담벼락에 붙은 선거 벽보가 보인다. 하나같이 웃고 있는 후보자들 얼굴을 보자니 심통이 난다. 4년에 한 번씩 유난을 떠는 그들, 누구 하나 진정성 있어 보이지 않는다. 그래도 그중에서 골라야 했다. 이래서 민주주의 선거란 게 맞춤복이 아닌 기성복 사는 거와 같은 거라 했던가.
 인간은 본디 잘 놀았다고 했다. 원시시대 때부터 인간은 당시 냉장고 따위가 있을 리 없었으니 먹을 만큼만 사냥하고 남는 시간은 놀았다는 것이다. 계속 옮겨 살았으니 좋은 집도 재산도 가질 필요가 없었을 것이고.

문제는 인류가 정착하여 농사를 짓기 시작하면서부터라고 했다. 사람들은 먹고 남은 곡식을 저장하고 다른 물건과 바꾸기도 했다. 이상했다. 먹는 것에 획기적인 개선이 있었음에도 사람들은 바빠져만 갔다. 절기에 맞추어야 했던 농경인지라 다소 그렇긴 했겠지만, 무엇보다 점점 커지는 마을 창고를 채우기 위해 쉬지 않고 일해야 했다. 노는 건 수렵시대 때보다 못했다. 삶의 질이 떨어진 것이다.

일하지 않고도 먹는 사람들이 생겨난 것이다. 마을 창고를 지키고 때로는 빼앗아 오기도 하는 사람들이었다. 당시 부족 간 전쟁은 하나의 비즈니스였다. 싸움에 지면 많은 걸 잃었다. 곡식 빼앗기는 것도 그랬지만 농사를 지을 사람 즉 노동력을 잃는 건 치명적이었다.

일하지 않고도 먹는 그들은 무기를 잘 다뤘고 돈에도 밝았다. 어떨 땐 하늘 소리까지 듣는다고 했다. 자연히 권세를 갖게 된다. 제단을 높게 쌓고 다들 제단으로 통하는 계단 근처에 모여 살며 출입문은 굳게 잠갔다.

계단은 자꾸 높아만 갔다. 복잡했던 신들의 세계만 하나로 정리되었을 뿐, 세상은 여전히 제단을 차지한 그들 것이었다. 그러던 어느 날 한 용기 있는 학자가 자연으로 돌아가자고 역설한다. 다 같이 평등해지자고 한 거였다. 아마도 처음이었을 것이다. 물론, 통하지 않는다. 참 딱한 분이셨다, 문명이란 결코 불편했던 과거로 돌아가지 않는다는 건 학문하지 않은 나도 아는 이치이거늘.

그가 훗날 한 생각 바꾸어 쓴 책 『사회 계약론』의 영향은 컸다. 프랑스와 영국에서 혁명까지 일어나게 한다. 농부는 도시 근로자가 되었고 도시에선 큰 부자가 생겨났다. 하지만 근로자들 삶은 그다지 좋아지지 않는다. 일부에선 이를 노동 착취라고도 했다. 대영 박물관에 있는 다섯 살짜리 아이용 전용 방적기가 그 증표다.

급기야 사회주의 사상가가 나타난다. 인류사에서 예수 탄생 다음으로 치기도 하는 대사건이다. 아이러니하게도 자본이란 말도 그가 최초로 썼다. 해서 당시 우익들은 자본이란 용어를 쓰지 못했다, 자칫 그의 동조자로 비칠 수 있어서였다. 우리가 신봉하는 자본주의란 용어는 사회주의란 용어보다 오히려 나중에 정착된 셈이다. 그럼 당시엔 자본주의를 뭐라고 불렀냐고? 중상주의 시대라고 했다, 상업을 중시했다는. 자연히 그 앞은 중농주의 시대가 되는 거고.

실로 광풍이었다. 하지만, 한 세기를 풍미했던 사회주의는 자체 모순 속에 결국 괴멸했고 이를 당당히 극복한 자본주의는 수정 진화 중이다. 인간 본성에 가장 부합하는 시스템으로 수렴되어가고 있다.

이처럼 무슨 주의(主義)란 것들이 과학의 발달과 더불어 유일신 세상이 주춤하는 틈에 차례로 나타나고 없어진다. 이념은 종이돈처럼 분명 만들어진 것인데도 사람들은 그것이 신이라도 되는 양 목숨을 건다. 그런 와중에도 계단만은 높아져 급기야 구름마저 뚫는다. 어떤 환란과 폭풍우가 닥쳐도 계단만은 굳게 지켜온 그들의 기록이 소위 역사란 것이 되었다.

그들은 구름 위에 살면서 스스로가 하늘이라도 된 양 이따금 너그러운 소리를 낸다. 그래도 이 세상 주인은 바로 당신들이라고. 우리는 어디까지나 머슴이라고. 그 표시로 4년에 한 번은 오늘처럼 계단 아래로 내려와 준다. 일이 끝나면 곧바로 올라가 저희끼리 층계참을 나누어 차지하겠지만. 계단 아래 풍경이었다.

나의 그날들

 내 다섯 살 때였던가? 그렇다, 그 일이 1960년에 있었으니까 다섯 살이 맞다. 시장 바닥에서 놀고 있는데 갑자기 아버지가 함께 어딜 가자고 했다. 선선히 따라갔더니 그곳엔 사람들이 엄청 많았다. 나는 온 사방 키 큰 어른들 틈에 갇힌 채, 그저 타고 간 세발자전거 잃어버릴까 걱정만 했다. 지루했다. 어깨너머로 무슨 구호 같은 것만 들렸다. 돌아오는 길에 맛있는 것을 먹고 다시 기분이 좋아진 나는 좀 전에 들은 뜻도 모르는 구호를 지껄였다. 아버지가 말렸다, 그러면 붙잡혀 간다면서. 4.19 며칠 전이었다.

　엄마에게서 들은 얘기다. 우리가 지금의 을지로 방산시장에서 장사할 때였으니까 장소는 아마도 동대문운동장이거나 시장 인근 공터였을 것이다. 엄마가 병원에 간 사이에 가게를 봐야 했던 아버진 옆집에 가게를 맡기고는 3.15부정선거 규탄 집회에 갔던 거다. 어렸던 나는 혼자 시장 바닥에 남겨 둘 수가 없어 데려갔던 것이고.

　말 잘 듣는 아이였던 나는 비교적 모범적인 학창 시절을 보냈다. 수업 시간 중에도 방공 사이렌이 울리면 즉각 책을 덮고 뛰쳐나갔고, 길을 가다가도 국가 하기식 애국가 소리가 들리면 곧바로 서서 소리 나는 방향으로 거수경례를 했다.

　대학 다니면서는 장발 단속하는 순경과 통금 단속하는 야경꾼을 재주껏 피해 다녔다. 스릴이 있던 날은 무용담처럼 친구들과 술안주로 했다. 매일같이 유신 반대 데모로 교정에 최루탄 냄새가 자욱하던 어느 날, 학교는 장기 휴강에 들어갔는데 민청학련사건이 어쩌고저쩌고하는 소리가 들렸다. 같은 과 재일교포였던 친구 안색이 좋지 않았다. 같이 유학 온 친한 선배 하나가 며칠 전부터 연락이 안 된다고 걱정했다. 그에게까지 특별한 일이 생기진 않았지만, 그는 그 후로도 한동안 말을 하지 않았다. 소위 75년도에 있었던 '학원 사태'7)였다.

학교들이 쉬는 사이에 마침 월남이 패망했다. 공산화된 거였다. 집안 아저씨 한 분이 이것 보라며 데모하는 대학생들을 싸잡아 비난했다. 한국 학생들 데모랑 월남 패망이 무슨 직접적인 관련이 있다고 그러시던 건지, 그때 나는 그 참에 재수나 할까 하고 고민했던 기억뿐이다.

입사해서 몇 년 안 되었을 때다. 늘 정장 차림으로, 오후면 수출서류를 들고 은행 외환계를 드나들었다. 당시는 강남이 개발되기 전이었기에 은행이고 회사고 서소문 근처에 모여 있었다. 오가는 짬에 근처 회사 다니는 친구들과 잡담을 즐기곤 했는데 하루는, 명동성당 쪽에서부터 퍼진 최루탄 가스가 너무 매워 다들 단골 찻집으로 피했다. 마담이 손수 물수건을 가져다주며 눈 매워하는 우리를 '넥타이 부대'라며 대견해 했다. 잡담하다 연기 피해 들어온 것뿐이라 좀 머쓱했지만 그렇다고 말하기도 좀 그랬다.

며칠 후, 찻집 현관에 '오늘같이 기쁜 날, 오늘 하루 모든 차는 무료.'라는 방이 붙었다. 86년도 6.29선언8)날이었

---

7) 75년도 학원 사태 : 유신 반대 데모 확산으로, 전국 대학교가 동시 휴강에 들어간 사건. 약 2개월 후에야 정상화된다.

다. T.V에선 연신 같은 뉴스가 흘렀고, 사람들은 상기되어 있었다. 나는 달걀노른자를 띄운 비싼 쌍화차를, 공짜라고 해서 두 잔이나 얻어먹었다.

그렇게 세상은 민주화되어가고 있던 거라고들 했지만 그다지 실감할 일도 없이 세월은 흘러, 아이들이 사회생활을 할 무렵 나도 은퇴한다. 회사 말도 잘 듣는 사람이었던 나는, 회사에서 정치와 종교 이야기는 금물이라고 했기에 아예 신문 정치면은 보질 않았다. 하긴 맡은 일이 해외 쪽 일이었으니, 여담으로라도 외국인들과 국내 정치를 논할 일도 없었다. 뉴스를 제대로 보기 시작한 건 은퇴하고 나서다. 시간이 남아돌아서이기도 했지만 주변이 온통 정치 이야기였기 때문이다.

어느 주말, 아내와 함께 서대문 안산 자락길을 걷게 되었다. 서대문 구청 뒤 메타세쿼이아길로 들어 연대 뒷산을 돌아 독립문 쪽으로 내려오는 야트막한 둘레길이 아기자기했다. 점심을 먹으러 무심코 광화문역에서 내렸는데 마침 오늘이 그날, 엄청난 인파 때문에 지하철역 밖으로 나가는데 만도 30분이 더 걸렸다. 촛불 집회 세 번째쯤 되는 날이었다.

---

8) 6.29선언 : 86년도의 6월 민주화 선언. 대통령 직선제 선출을 골자로 한 헌법 개정 등이 이루어짐.

점심을 포기하고 집으로 가는데, 거리에 사람들이 어찌나 많은지 종로3가까지 가서야 겨우 지하 역사로 들어갈 수가 있었다. 전동차 안에서 아내가 말했다. 태어나서 이렇게 많은 사람을 본 건 처음이라고. 그랬다, 숨소리 같은 사람 소리가 모여 생긴 음압에 잠시였지만 소름이 돋았다.

정권이 바뀌고 4년이 지나, 이번엔 뉴욕타임스에 'Naeronambul(내로남불)'이란 말이 실렸다. 이번엔 이들이 오만해진 것이다. 한쪽에선 본디 권력의 속성이 그래서라고도 한다. 번갈아 그러는 걸 보면 그런 거 같기도 하다. 하지만, '내로남불'은 어디까지나 양심의 영역이다. 본디 나쁜 짓을 한 사람은, 같은 짓을 한 다른 사람을 탓하기에 자유로울 수가 없는 법이다. 슬픈 일이다, 선비의 나라였던 이 땅에서 이런 부끄러운 일이 생기다니.

어느 정치 평론가의 말이다. 4년 전 촛불에 덴 한쪽은 아직 성찰하지 못했고, 촛불에 편승한 다른 한쪽은 초심을 잃었다. 모든 사달도 그래서 일어났다는 말이다. 맞는 말인 거 같다. 하루빨리 본디의 자기 모습들을 되찾을 일이다.

세상은 구른다 · 1
- 기업예찬

얼마 안 된 일인데도 벌써 아득하다. 어느 병원장이 장관이 되고자 했다가 여론에 밀려 사퇴했던 일이 있었다. 아이들이 자신이 병원장으로 있는 의대에 차례로 편입했는데도, 자신은 몰랐고 따라서 위법이 아니라고 항변했다. 진위는 알 수 없다. 다만 사회 지도층 인사에겐 위법 여부보다 구설수가 더 무서운 법이다. 자신과는 관계없는 다른 의대로 보내야 했던 일 같아 보인다.

사실 이런 일은 기업에서라면 일찌감치 결말이 난다. 사실 여부를 떠나 처신만으로도 문제가 된다. 반드시 불이익을 받고 결국엔 직장 생명도 끝나게 된다. 그런 부주의한 사람에게 회사의 장래를 맡길 수 없기 때문이다.

나는 평생 기업에서 일했다. 내가 입사했던 80년대 초만 하더라도 기업들은 그다지 투명한 편이 아니었다. 기업은 성장을 거듭하는데 당시 관리 체계는 컴퓨터도 없던 미약한 시대였다. 자연히 크고 작은 부정부패가 많았다. 장영자 어음 사기며 율촌 그룹 사건 등이 세상을 떠들썩하게 한 그런 사고들이다.

그랬던 기업들이 비교적 투명해진 것은 극심한 국제경쟁 덕분이었다. 90년대에 들어 소련이 무너지자 미국이 주도한 무한 경쟁이 시작되었다. 미국으로선 자유 무역으로 우방을 압박해도 그들이 소련으로 기울 걱정이 없어진 것이다. 우리 같은 2등 산업국가로선 심각했고 당사자인 기업은 무조건 살아남아야 했다. 기업 내 모든 관리 체계를 재정비했다. 특히 부정부패는 곧 파산이므로 기업 내 상하좌우 모두가 감시자였다. 부정행위는 물론이고 의구심 사는 일 하나만으로도 직장 생활에 문제가 되었다.

그 와중에 사라진 기업도 있다. 하지만 살아남은 기업들은 생존을 위한 자구책이긴 했지만 제대로 한번 변신한 셈이었다. 기업은 그것이 곧 경쟁력임을 체험했기에 앞으로도 계속 같은 방향으로 굴러갈 것이다.

하긴 굴렀던 건 군부가 먼저였다. 세계 대전 후 신생 독립국이던 이 나라에서 상대적으로 앞선 조직이었던 군부가 두 번이나 정권을 잡고 통치한 일이다. 이런저런 말도 많았지만, 지금의 경제 강국이 되는데 공헌했던 업적은 모두가 인정하는 일이다. 아마도 앞으론 쿠데타를 시도하는 장군은 없을 것이다. 그만큼 나라가 커진 것이기도 하다. 어쨌든 군부는 일찌감치 크게 두 번을 구르며 나름의 역할을 마치고 제자리로 돌아갔다.

최근엔 병원들도 경쟁이 심하다. 내가 다니는 대학병원 간호사들은 말이 너무 빨라서 알아듣기 힘들 정도다. 대형 사립병원들과 경쟁하고 있기 때문인데 그들은 정말 고맙도록 열심이고 바쁘다. 동네 병원들도 마찬가지다. 심한 경쟁으로 병원 수지가 예전 같지가 않다. 지방대학병원만이 좀 안일해 보이는 이유는 종사자들이 공무원 신분인 데다가 지방인지라 경쟁할 병원이 없어서일 것이다. 언젠가 의사가 늘고 병원도 더 생기면 지방대학병원도 지금보다는 더 나은 방향으로 굴러갈 것이다.

법조계도 변하고 있다. 로스쿨을 통한 자격증 취득 방식으로 바뀌었고 그렇게 증원된 변호사들은 이미 경쟁이 심하다. 탄탄했던 검찰 조직도 소위 '검수완박' 법안으로 요동을 쳤다. 기소권만 남기고 수사권은 경찰로 넘긴다는 내용이다. 정착될 때까지 계속 시끄럽겠지만, 검찰과 경찰 두 권력기관 간에 경쟁이 생긴다는 건 긍정적인 일이다. 둘 다 과거보다는 훨씬 역동적으로 변모되어 갈 터이니, 법 주무르는 기관들도 그렇게 한 번 굴러 보는 것이다.

조선 500년간 변화보다 지난 산업화 50년 동안의 변화가 더 크다고도 한다. 그 격변의 세월을 직접 부대끼며 살아왔다는 건 내 시대적인 행운이다. 특히 치열한 경쟁 속에 기업의 성장과 함께해 본 건 얘기할 만한 일이다. 세상을 조금은 밀도 있게 산 것 같아, 정말 다행이란 생각이다.

세상은 구른다 · 2
- 2.28 의거에 부쳐

내 학창 시절, 대구 '명덕 로터리'라는 곳에 밋밋한 기념탑이 하나 있었다. 2.28 학생 의거 기념탑이다. 학교에서 귀가 따갑도록 들었다. 종신 집권으로 치달리던 자유당 정권에 항거하여 일어났던 우리나라 최초의 학생 시위였다고.

1960년 3.15선거9)를 앞둔 2월 28일이었다. 일요일임에도 불구하고 공무원은 물론 섬유공장 노

---

9) 3.15선거 : 1960년 3월에 했던 자유당 정권 마지막 정부통령 선거. 사상 초유의 부정선거로 인해 4.19혁명과 4.27 대통령 하야로 이어진다.

동자들까지 모두 출근해야 했다. 각급 학교에서도 갑자기 기말시험이 당겨지고 졸업식 예행연습이 잡히는가 하면, 난데없는 야산 토끼 사냥 수업이 기획되고 어느 여고에선 교내 무용대회까지 열렸다. 그날이 야당 후보자의 유세 날이었기에 사람들이 유세장에 가지 못하게 하기 위함이었다.

당시 학생들은 순수했던 거 같다. 무엇보다 정부의 치졸한 방해 공작에 크게 분노했다. 7개 학교 고교생들이 연합하여 퇴학까지 각오하며 시위했고, 경찰 진압과 시민들의 비호 속에 온종일 대구가 시끄러웠다고 했다. 처음으로 있었던 학생 데모였다. 대구 매일신문에 대서특필되면서 전국으로 확대 보도된 건 물론이다. 내가 바로 그날 뛰었던 장본인이라며 자못 흥분하던 젊은 선생님이 생각난다.

그 후 3.15부정선거와 두 차례의 마산 의거, 서울에서의 대대적인 궐기와 대통령 하야로 이어진 것이 우리가 아는 4월 혁명이다. 생각해 보면, 대구에서의 2.28 학생 의거는 4월 혁명의 전초였고 그 후로도 있었던 수많은 학생 시위의 시발이었는데, 뜻밖에 그들은 대학생들도 아닌 고등학생들이었다.

당시 대구는 야당 도시였다. 그 시절엔 여촌야도(與村野都)10)라고 해서 여당은 시골에서 야당은 대도시에서 우세한 경향이 있었다. 대구는 심했다. 국회의원들 전부가 야당(당시 신민당) 사람들이었다. 당시의 아버지도 사업상 현직 야당 의원과 가까이 지냈는데 성향 관계없이 선택의 여지가 없었다고 했다. 대구 매일신문도 대단한 야당지여서 필화 사건이 심심찮게 일어나곤 했었고. 그랬던 대구가 박정희 대통령의 3선 개헌과 10월 유신을 거치면서 보수화되더니 지금은 '보수'의 최후 보루가 되어 있다. 흥미로운 변화다.

사람들은 어찌 되었을까. 4.19 때 분연히 일어섰던 사람들은? 5.16으로 집권했던 젊은 군인들은? 쿠데타이긴 했으나 애당초 그들은 군부에서 정군운동(整軍運動)[11]을 주도했던 맑은 정신의 젊은 장교들이었는데. 더 과거에 항일운동 했던 분들은? 가장 최근이라고 할 수 있는 6월 항쟁으로 이 땅의 민주화를 이루었다고 자부하는 사람들은?

모두가 세월의 흐름 속에 흘러갔다. 장한 모습으로 혹은 추한 모습으로들. 대체 그들 중 초심을 지켜낸 사람들은 얼마나 될까. 이미 알고 있는 일로서 그동안 변심한 사람들이 더 많은 건 삶의 모습이 본디 그렇다는 걸까. 그런 와중에

---

10) 여촌야도(與村野都) : 농촌은 여당이, 도시는 야당이 강하다는 말.
11) 정군운동(整軍運動) : 군의 부정부패 일소와 과거사 청산을 요구한 혁신 운동(육사 8기생 중심으로 훗날 5.16 주체 세력이 된다).

도 왔다 갔다 하며 변심에 변심을 거듭한 이들은 또 뭘까, 그들이 좇은 건 애당초 뜻보다는 실리였던 걸까.

정신만 남고 사람들은 변해가는 건지도 모르겠다. 한때의 맑은 정신이 이나마의 역사를 이끌고 있나 싶기도 하고. 종교인은 변하더라도 종교 자체는 숭고하고 영원하듯이.

2.28 의거 기념탑, 오래전에 두류공원으로 옮겼다고 한다. 살짝 변두리이긴 하지만 잘 정비된 도시 외곽 공원, 어릴 적 풍뎅이 잡으러 자주 갔던 곳이다. 언제 한번 가서 꼼꼼히 봐야겠다, 한때 대구의 정신이었다니까. 왜 시내에 있던 탑을 한적한 거기로 옮긴 건지 궁금은 하지만 상관없다. 어차피 세상은 굴러가는 거니까.

세상은 구른다 · 3
- 역사 속으로

'이 나라가 해방될 줄 몰랐다.'

천만 관객 영화 「암살」에서 나오는 친일 경찰의 마지막 대사다. 처음엔 항일 운동가였으나 일제에 포섭되어 많은 독립 인사를 핍박했던 그는 해방되고도 고위 경찰 간부로 권세를 누리다가 독립군 출신에게 죽는다.

영화의 시대 배경인 1930년대는 식민지 조선엔 암울했던 시기였다. 일본은 전쟁에서 연전연승하고 있었고, 안으로는 치안법[12]이란 걸 만들

---
12) 치안법 : 일본이 전시 체제 강화를 위해 만든 법. 이 법으로 일본에선 반전주의자들을, 조선에선 독립 인사들을 탄압했다.

어 독립 인사들을 영장 없이도 잡아갔다. 울던 아이도 순사가 온다면 울음을 그친다는 말도 그때 생겨난 말이다. 도무지 광복의 희망이라곤 싹수도 보이지 않던 시기, 많은 민족 인사가 변절하였다.

이해해 줄 수 있는 구석이 없진 않다. 우리는 지난 역사를 묶어서 보니 그렇지, 당시를 살던 사람들에겐 한 번밖에 없는 인생이었다. 독립운동에 뜻을 둔 게 아니라면 해 볼 것은 출세였을 것이다. 현실은 기껏 1.5등 국민밖에 안 되는 식민지 조선인, 능력 되는대로 관료와 군인이 되었고 기업가가 되었다. 늘 친일의 경계가 예민해지는 지점이다.

문제는 일제에 종사한 사람들이 해방된 후에도 자리를 이어간 일이다. 당장의 치안과 행정이 급해서였다. 사실 이건 해방 프랑스와 점령지 독일에서도 같았다. 실무자급 나치 인사와 단순 부역자들은 재기용되었다. 미국의 일관된 점령지 통치 방식이었다. 일본에서도 마찬가지였다. 다만, 일본에선 전쟁 책임자들까지도 훗날 복권되어 전후 권력을 이어간 점이 다르다. 지금도 독일과 일본의 전후 태도가 정반대를 보이는 이유다.

우리는 일본보다 더 복잡했다. 친일 청산도 못한 채 좌우가 대립하다 전쟁까지 해버렸다. 독립군들도 남북으로 갈려

싸웠다. 북쪽 독립군도 빨갱이 원수가 되었고, 남쪽 친일인사 일부는 반공 유공자가 되었다. 뒤범벅이 된 것이다.

내가 학교 다닐 때만 해도 반일(反日)은 거의 국시(國是)13)였다. 일본과의 축구 시합 하나에도 목숨을 걸 만큼 그 정서가 강했다. 당시 사람들은 일제하에 살던 이야기를 하지 않았다. 독립운동했던 게 아니라면 할 수도 없었을 것이다. 그때는 나도 일본 유학한 사람 하나 없는 우리처럼 대부분이 반일 집안인 줄로만 알았다.

한 세대가 흘러 우리가 그 나이가 되었다. 문제가 생겼다. 말들을 하기 시작한 것이다. 뜻밖에도 일부는 사회 지도급 인사들이다. 당시는 그렇고 그런 시대였다는 것이다. 거침이 없는데, 과거엔 함부로 입에 담을 수 없었던 말들이다. 들춰 보면 친일 집안인 경우가 적지 않다. 많이 언짢긴 하지만, 뜯어보면 언제까지 자신의 아버지 삶을 원죄인 양 안고 살아가야 하느냐는 시대적 문제의식이 깔려 있다.

사실 내 주변만 해도 좀 산다는 친구들은 친가든 외가든 일제 강점기 시절 괜찮았던 집안이 많다. 본디 권력과 부는 어느 정도 세습되는 경향이 있다. 친일이냐 아니냐를 가리사는 말이 아니다. 문제는 그 사람들이 이 나라 여론의 한

---

13) 국시(國是) : 국가의 이념이나 기본 정책.

축을 이루고 있는 중산층이라는 현실이다. 싫든 좋든 함께 살아가야 하는 같은 대한 국민인 것이다.

역사란 어떤 것일까. 세조를 두고도 「단종애사」와 「대수양」이란 정반대 소설이 병존한다. 임진왜란도 병자호란도 그저 아득한 옛날이야기 같고, 환향녀인지 화냥년인지는 유래도 잘 모른 채 쓰고 있다. 솔직히 일제 강점기만 해도 제대로 알지 못한다. 아이들에게 6·25 전쟁이 벌써 그렇듯이.

엊그제가 3·1절이었지만 국기를 게양한 가정이 크게 줄었다. 연휴란 즐거움 속에 그 정신이 묻힌 건가 싶지만 더 깊은 곳으로 스며들었다고 봐야 할 것이다. 일제 강점기도 도도한 역사의 물결을 타기 시작했다. 앞으로도 크고 작은 격랑은 있겠지만 세상은, 그러면서 굴러가는 것이다.

화(和)

화(和)

우리는 우리 음식을 한식(韓食)이라고 부르지만, 일본에선 자기네 음식을 화식(和食/와쇼쿠)이라 부른다. 일본엔 일식(日食)이란 말이 없다. 전통 다다미방도 화실(和室/와시쯔)이라 하고 옛 가요도 화가(和歌/와가)라 부른다. 최근 고깃집 메뉴판에서도 보이는 일본산 쇠고기란 뜻의 와규도 그 글자는 화우(和牛)다. 전부 일(日) 자 대신에 화(和) 자를 쓴다.

화(和)에는 주변과 조화롭게 어우른다는 긍정의 이미지가 들어 있다. 일본인들의 친절함이나 상냥함, 정직하고 배려 깊은 행동 등에 잘 나타난다. 매일 보는 이웃에게도 처음 보는 외국인에게도 그들이 보이는 태도는 한결같다. 물론 좀 지나쳐 보이는 인사 문화에선 오랜 사무라이 시대에서 살아남고자 했던 자기방어의 한 어두운 일면이 보이기도 한다. 하지만 실제로 살아 보면 얼마 안 가서 주변 사람들로 인해 내가 피해 볼 일은 없을 것 같다는 믿음을 갖게 된다. 이런 안도감이 일상을 따뜻하게 하고 그런 일상은 사람들을 더욱 배려하고 살피게 한다. 일상 전반에 화의 좋은 기운이 서려 있다.

또한 화(和)는 일본의 옛 이름인 야마토(大和)14)였다. 그래서 일본인들은 화라는 말을 일본보다 더 일본적인 것으로 느낀다. 아끼고 숭상한다. 어떨 때는 그 글자 앞에서 숙연해지기까지 한다. 지금도 그 왕실이 이어지고 있기 때문이다. 현재의 애국가는 본디 왕실 찬미가였고, 휴일로 지내는 춘분과 추분은 왕실 봄가을 제삿날이다. 몇몇 왕들의 생일도 국경일이고 지금도 정부나 기업의 공식 문서에는 연호를 쓴다. 그러니까 올해가 레이와(令和) 5년이다. 이렇듯 왕실에 대한 사

---

14) 야마토(大和) : 일본 최초의 통일 국가(AD4C~7C). 본디 왜(倭/와 또는 야마토)라고 불리었으나 세월이 흐르며 발음이 같은 화(和/와)가 대신 들어앉았고 종국엔 나라 이름 야마토(大和)가 되었다고 함.

랑이 여전하니 이를 상징하는 화(和)에서 그들 스스로 일본주의라고도 하는 어떤 독선이나 고집이 느껴지기도 한다.

전후 일본과 독일은 곧잘 비교되곤 했다. 확실히 일본은 전범 나치들을 정리했던 독일과는 국내외 사정이 달랐다. 결과적으로 일본에선 전범인 군국주의자들이 부정되지 않았다. 지금도 그 인맥이다. 전후 총리를 지낸 군국주의자 '기시(岸)'로부터 그의 외손자 아베 전 총리로 이어지는 흐름이 가장 대표적인 경우다. 우두머리 전범이어야 했던 일본 왕 쇼와(昭和)15)는 거꾸로 그들에겐 일본 역사상 최고의 영광이고 자랑이다.

애당초 첫 단추가 잘못 끼워진 것이다. 이런 상황에선 과거사에 대한 반성은 기대하기 어렵다. 오히려 그들로선 사죄하면 안 되게 되어 있다. 일본 역사 교과서가 그 증거다.

내가 동경에서 알고 지냈던 지인들의 인식이다. '당시는 약육강식의 제국주의 시대였다. 만약에 조선이 일본보다 강했더라면 결과는 정반대가 되었을 것이다. 우리에게 문제가 있었다면 미국과의 전쟁에서 졌다는 사실 하나다.' 어떤 이는 '미국이야말로 필리핀 침공과 원폭 투하 때 많은 민간인

---

15) 쇼와(昭和/1901~1989) : 일본 124대 왕(1926부터 63년간 재위), 메이지 왕의 손자로서 미일 전쟁 수행, 전후 일본인들의 정신적 지주였음.

을 죽인 전범이다. 하지만 이긴 나라엔 누구도 말을 하지 않는다.'라고도 했다. 일본인들이 이 세상은 힘이 정의라고 믿는 한 장면이기도 한데, 지난날에 대한 반성은커녕 언뜻 복수심 비슷한 결기마저 보였다.

'칼은 어둠 속에서 가는 것'이라는 일본 속담이 있다. 그 칼끝은 어딜까? 아무도 모른다. 안다고 해도 누구도 말하지 않는다. 다만 전국시대 마지막 전투에서 패배한 서군(西軍) 쪽 무사들이 하무사(下武士)16)로 전락하고 200년 멸시와 굴욕을 견딘 끝에 메이지 유신의 주역으로 등장하면서, 결국 그 한풀이도 되었다는 드라마 같은 역사 이야기가 뒤를 잇는다.

이렇게 일본이란 나라는 자신도 모르는 거대한 시나리오가 작동하는 나라다. 조선 병합으로 이어진 정한론의 초기 태동도 그랬고, 미일 전쟁으로까지 치달은 「대동아 신질서 건설(안)」17)도 그랬다. 늘 암묵 속에서 마치 정해져 있기라

---

16) 하무사(下武士) : 전국시대 마지막 쟁투였던 '세키가하라' 전투에서 이긴 동군 쪽(도쿠가와 편) 무사가 상무사(上武士), 진 서군 쪽(히데요시 아들 편) 무사는 하무사가 된다. 하무사는 길을 가다가도 상무사에게 죽임을 당하기도 했다. 평민보다 높았으나 진짜 무사 대접은 못 받은 셈. 이토 히로부미도 초대 조선 총독 데라우치도 서군 쪽 하무사 출신.
17) 대동아 신질서 건설(안) : 일명 대동아 공영권. 처음부터 미국과의 전쟁을 염두에 둔 정책은 아니었고, 독일의 유럽 경영, 소련의 연방 개척, 미국의 패권주의에 맞서, 일본도 만주와 동남아시아에서 일정 지분을 확보하겠다는 구상이었음.

도 한 어떤 때를 기다리고 있는 듯하다.

그런 그들은 지금도 생각 없이 깃발 아래로 잘 모이고 길을 가다가도 늘어선 줄 꽁무니에 잘 붙어 선다. 아침마다 지하철역에서 쏟아져 나오는 샐러리맨들은 양말에 구두까지 검정 일색이다. 유치원에서도 가장 먼저 배우는 것이 '앞으로 나란히'다. 그렇게 착하다는 사람들이 모이기만 하면 그 향방을 알 수 없게 된다.

최근 양국 교류가 재개되면서 일본 함정이 부산으로 들어왔다. 욱일기를 달고서다. 나치 피해가 심했던 폴란드에 나치 문양이 새겨진 독일 차가 들어간 것과 다르지 않다. 욱일기는 해군에서 쓰는 군기(軍旗)일 뿐이라 칠 수도 있다. 하지만 우리가 싫어한다는 걸 알면서도 그랬다면 그게 바로 그들이 제일 하기 싫어하는 민폐이고 나아가 무시다.

상대 마음을 너무 살피는 개인과 힘을 앞세워 상대를 업신여기는 나라 일본, 단순하여 산뜻하기까지 한 일장기와 보기에도 섬찟한 욱일기로 잘 대비된다. 화(和)의 두 얼굴, 화합과 독선이 겹쳐온다. 진정 미래의 일본은 어떤 얼굴일까?

『수필문학』 2023. 8월호

韓·日 그 DNA에 대하여

 일본 사람들은 친절하고 정직하다. 인사도 잘한다. 특히 헤어질 때는 최소한 서너 번은 인사를 나눈다. 미안하다는 말도 잘한다. 그리 잘못한 일도 아닌 것 같은데도 그냥 넘어가질 않는다. 사람에게 말을 걸 때의 첫마디도 미안하다는 말뜻을 가진 '스미마셍'이다.

 일본 사람들은 잘 참는다. 대형 재난 사고로 제 자식이 죽어도 남들 보는 데서는 큰 소리로 울지 않는다. 그저 훌쩍거리는 정도다. 그들은 소리 내어 우는 것도 민폐라 여긴다. 고도의 배려다. 이미 많이들 겪고 듣는 이야기다. 생각해 봤다. 일본 사람들은 왜 그렇게 지나칠 정도로 친절하고 예의 바르며 배려가 깊은 걸까?

우선은 그들의 '조심스러워함'이다. 그건 오랜 무사 지배의 역사 속에서 생겨난 방어 본능인 건지도 모른다. 평민은 길을 가다가도 무사들과 잘못 엮이면 큰 봉변을 당했다. 심지어는 죽임을 당하기도 했다. 무사들에겐 그런 특권이 있었다. 조선에서도 양반의 권세가 대단했으나 천민도 아닌 양민을 그렇게 하진 못했다. 일본 백성들은 그저 조심하고 또 조심해야 했다. 그런 시대가 700년도 더 지속되었으니, 그들의 조심성은 이미 DNA가 되어 체내에 녹아 있는지도 모른다.

조심성은 일본말 속에도 깊이 스며들어 있다. '혼네(本音)'와 '다테마에(建前)'라는 말이 그것이다. 우리말로는 '속내'와 '겉마음' 정도가 되겠다. 사람 사는 세상 어디나 이런 이중성은 다 있지만, 일본이 유독 심하다. 사무라이 시대에선 말 한마디에도 목숨이 왔다 갔다 했다. 자연히 그들의 언어도 보신의 방향으로 진화하면서 일본어 특유의 모호성을 갖게 된다. 지금도 그들은 그렇다고 해도 될 말을 '그럴지도 모르겠다.'라고 에둘러 말한다. 만에 하나 틀렸을 경우의 보험이다.

거절할 때 쓰는 말은 더 심하다. 우리가 제일 많이 혼동하는 게 '생각해 보겠다'라는 말이다. 이는 대체로 완곡한 거절의 의미다. 면전에서의 어색함을 피하고자 그렇게들 말한다. 자기네들끼리도 헷갈릴 때가 있다고 할 정도다. 모름지기 앞뒤 맥락을 잘 살펴 판단해야만 한다. 이 모두가 '조심의 DNA'가 준동하는 탓이라 생각된다.

그들의 조심성은 치밀함으로도 진화한다. 닥쳤을 때의 조심만으로는 생존을 완전히 보장할 수 없었다. 예측 가능한 경우를 살펴서 그 대비책을 세워 두는 쪽으로 발전한 것이다. 일본 사람들과 일을 해 본 사람들은 그들의 세밀함에 혀를 내두른다. 나도 웬만큼은 따라 하는 편이지만 그들의 용의주도함은 당해 내기가 어렵다.

하지만 치밀함은 그 자체로 한계를 갖는다. 정해 둔 틀에 갇혀 돌발 상황에 잘 대처하지 못하기 때문이다. 임진왜란 때 조선을 침공한 왜군이 몰랐던 건 이순신과 조선 의병의 존재였다. 이순신 때문에 바닷길이 막히고 조선 의병 때문에 육로 보급선이 끊기는 건 예상하지 못했다. 시뮬레이션에서 없었던 것이다. 특히 조선 의병을 이해하지 못한다. 도대체 도망간 제 군주로부터도 버려진 백성들이 누굴 위하여 무엇 때문에 저항하는지 알지 못한다. 그 후는 우리가 아는 대로다. 이렇듯 그들의 치밀함은 때로는 우리의 역동성에 무너지기도 했다.

우리는 금세기에 들어서도 역동적이었다. 3.1운동과 4.19 때가 그랬고 IMF 외환 위기 때가 그러했다. 우리는 평소엔 제멋대로 사는 것 같다가도 위기라고 느끼는 순간에는 확실히 잘 뭉친다. 친절함과 치밀함은 배울 수도 있는 것들이지만 역동성은 타고나는 것이다. 우리의 역동성은 어느 순간이 되면 복잡한 셈 같은 걸 하게 하지 않는다. 단박에 이기심의 한계를 돌파해 버리는 힘, 나는 이것이 우리의 DNA일 것으로 생각한다.

서울 올림픽이 있던 해 1월, 동경으로 부임 인사를 하는 자리였다. 지금은 고인이 된 창업자인 당시 회장이 내게 다짐했다. '이(李) 군, 바둑 두는가? 바둑은 1급에 배워선 1급 이상 되지 못하네. 마찬가지로 일본을 배우기만 해선 일본을 이기질 못해. 하나라도 일본을 넘어설 수 있는 걸 찾아보게. 그게 진짜야.' 훌쩍 30년이 흘렀다. 찾으라던 건 오래전부터 이 땅에 있던 것이었다.

『수필문학』 2018. 5월호

럭비 하는 나라

가깝고도 먼 나라 일본과 우리는 다른 점이 많다. 그런 것 가운데 하나가 역동성이다. 실제 지난 역사에서 우리의 역동성은 자주 표출되었다. 조선왕조실록엔 백성들이 위정자들의 폭정에 저항했던 기록들이 많다. 홍경래의 난이니 동학혁명이니 그 횟수를 셀 수 없을 정도다. 반면에 일본 역사엔 거의 없다. 오랜 무사 시대를 살아오면서 그렇게 길들여진 것이다. 일본 사람들은 지금도, 권력 쟁투는 세력 간에나 하는 거지 싫든 좋든 이긴 쪽을 따르면 된다고 생각한다.

우리는 지금도 주말이면 용산으로 광화문으로 모인다. 어쩌면 우리 국민이 가진 특유의 '판 뒤집기' 기질이 현시대에 먹히고 있는 건 아닐까 하는 생각을 해봤다.

일본엔 아직도 신용카드가 통하지 않는 편의점이 있다. I.T 인프라가 다 구축되어 있지 않아서다. 먼저 금융 실명화를 위해 우리 주민등록번호와 같은 고유 번호('마이 넘버'라 함)가 있어야 하는데, 시작하고 7년이 되었지만 이제 겨우 75% 정도 되었다고 한다. 하긴 3%로 시작한 소비세(부가가치세)가 10%까지 되는데 30년이 더 걸렸고, 지하철역 금연 하나 정착시키는데도 수년이 걸린 나라다.

일본 사람들은 무슨 일을 하든 좀 더딘 편이다. 하나를 하기 위해 열 가지 문제를 미리 살피기 때문이다. 그런 치밀함 덕분에 전후 경제 강국으로 성장하여 한때 미국까지 위협할 수 있었지만, 지금은 그때와 같은 전통 산업 시대가 아니다.

30년 전 동경에서 근무할 때였다. 주재 기업 모임에서 한번은 이런 얘기가 나온 적이 있다. 일본이 축구 하는 나라라면 우린 럭비 하는 나라가 되어야 한다고. 그래야 조금 더 빨리 더 멀리 갈 수 있으니까. 2등에서 벗어나려면 좀 부정확하더라도 이 수밖에 없는 것 아니겠냐고.

확실히 일본은 축구 하는 나라였다. 그들은 일도 축구 하듯이 자로 잰 듯 계획했고 앞이 보이지 않으면 그쪽으론 볼을 차지도 않았다. 인터넷 사업만 하더라도 초기엔 일본 기업들이 구글보다 앞섰다. 당연히 해 오던 방식대로 정제된 정보만을 취급했다. 매뉴얼에 맞지 않은 정보는 아예 들어올 수 없게 문단속부터 했던 것이다. 인풋(Input)이 좋아야 아웃풋(Output)이 좋다는 믿음은 그들에겐 거의 신앙이다.

그게 패인이었다. 아무 정보나 자유롭게 들락거리게 했던 구글은 얼마 못 가 제풀에 무너질 것 같았지만, 그 반대였다. 방대한 정보들이 서로 엉키고 부딪치면서 저절로 질서가 잡혀갔고 마침내 지금의 장대한 모습으로 성장했다. 지금은 절제와 통제보단 발상의 자유로움이 더 먹히는 디지털 시대인 것이다.

30년이 흘러 농담처럼 했던 럭비 이야기가 일부 현실이 되었다. 이젠 가전제품으로 일제(日製)를 찾는 이는 없다. 우리를 그렇게 주눅 들였던 워크맨은 MP3에 밟혀 사라진 지 오래고 그 MP3조차 스마트폰에 밀려 사라졌다. 아이들은 아예 워크맨이 뭔지 알지도 못한다. 반도체와 조선도 앞섰고 I.T 환경도 우리가 더 낫다.

코로나 때와 같은 위기가 닥치면 앞뒤 재지 않고 뭉치는 것도 여전하다. 정말로 우리 역동성이 통하고 있는 건지도 모르겠다. 물론 갈 길은 멀다. 일본에 뒤진 게 임진왜란 때부터이니 뒤진 세월만도 무려 400년이 넘고, 현재도 일본은 경제 대국이다.

젊은 시절 우리를 부럽게 하고 주눅 들게 했던 일본, 그 일본을 일부분이긴 하지만 '추월'하는 광경을 내 생애에 보게 될 줄은 몰랐다. 희망을 품게 되었다.

『수필문학』 2024. 8월호 -일본문화 엿보기

겉마음(다테마에)

젊은 시절 동경에서 근무할 때 가면극을 본 적이 있다. 일본 가면극은 한국 탈춤과는 다르다. 탈 모양부터 그렇다. 우선 한국 탈엔 희로애락(喜怒哀樂)의 표정이 들어 있다. 탈바가지도 큰 편이고 윤곽이 뚜렷하다. 춤사위도 자유분방하여 배우는 격해지면 탈을 막 벗어 던지기라도 할 태세다.

일본 탈18)은 표정이 없다. 하얀 분칠까지 하여

---

18) 일본 탈 : 가면으로서 노멘(能面)이라고 부른다. 하얀 바탕 위 무표정한 얼굴이다.

창백한 게 어릴 적 귀신 놀이할 때의 '달걀귀신' 같다. 자연히 극 중 인물의 감정과 의도는 탈을 쓴 각도나 미세한 몸짓 손짓만으로 표현하게 된다. 일본 가면극의 백미가 절제미라고도 하는 이유다. 감질나는 동작으로 관객에게 속삭인다, 그대만 살짝이 들어와서 보라고. 우리에겐 어렵다. 해서 일본 가면극은 호기심으로 한 번은 보러 가지만 두 번은 가지 않는다.

무대 장치도 다르다. 우리 탈춤은 무대와 관객 간에 구분이 없다. 흥이 나면 탈을 쓴 배우가 관객 속으로 뛰어 들어가기도 하고, 심지어 관객을 무대로 끌어내기도 한다. 덩실대며 함께 놀자는 식이다.

일본은 관객과 무대를 철저히 구분한다. 무대 주변은 엄숙하여 공기부터 무겁다. 무대로 연결된 마루로는 배우들만 다니고 공연 중인 배우는 관객과 눈빛 한번 섞지 않는다. 배우는 연기만, 관객은 구경만 한다. 서로가 다른 곳에서 자기 '일'을 보고 있는 것이다.[19]

한국인은 선을 넘고 일본인은 선을 긋는다고 하는 말이 있다. 하긴 선이야 우리도 잘 긋는다. 그러나 우린 여차하면 그 선을 넘으려 하는데 그들은 되도록 선을 지키려고

---

[19] 한 선생의 블로그 글 '가면 속 한국인과 일본인의 대인관계' 참조함.

한다. 극단적으로 우린 처음 본 사람과도 하룻밤에 평생 동지가 되기도 하지만 일본에선 상상도 할 수 없는 얘기다.

좀 친해졌답시고 일본 지인에게 마음 트자고 들어가면 열이면 열 다 마음 불편해한다. 왜 그런 복잡한 얘기를 하자는 건지 그래서 무슨 이득을 보자는 건지, 그냥 이대로가 좋은데 하는 식이다. 나도 그랬지만 주재원들 대부분이 한 번씩은 겪는 낭패 담이다.

여기엔 일본 특유의 '혼네(本音)'와 '다테마에(健前)'라는 문화가 작동하고 있다. 혼네는 본심이고, 다테마에는 겉마음이다. 사람은 누구나 이중적이긴 하지만 일본 사람들이 유독 심하다. 나와 남에 대한 인식이 우리와 다른 것이다.

일본에선 내가 아니면 다 남이다. 철저히 구분한다. 우리는 남과도 기회가 되면 '우리'가 되고자 하는데 일본인들은 그냥 '남'으로 남으려 한다. 그걸 더 마음 편해한다. 따라서 그들은 겉과 속이 다름을 좋지 않게 보는 우리와 달리 그것을 그리 나쁘게 보지 않는다. 오히려 상황에 따라선 표리부동(表裏不同)이 더 이치에 맞는 것으로 여긴다. 큰 차이다.

일본 사람들은 누구나 '다테마에'라는 가면 하나씩은 쓰고 살아간다. 그 얼굴로 사람들과 인사하고 친절을 베풀며 때로는 엄살도 부린다. 하나같이 연극배우들 같다. 문제는 그런 관습적 가식[20]이 진정한 배려와 혼재된 상태로 나타나니 본심을 알기가 어렵다는 점이다. 우리에게 가장 어려운 부분이다. 자기네들끼리도 헷갈려한다. 그렇다고 대놓고 물어볼 수도 없다. 내게 보이는 호감의 강도와 태도의 변화를 보고 그 본심을 가늠할 수밖에 없다.

좋은 점도 있다. 그런대로 좀 익숙해지고 나면 그만큼 내 일상에서 격한 이야기가 줄어 있음을 알게 된다. 부딪치질 않으니 당연한 일이다. 비록 가식이긴 하나 그렇게 해서 생기는 여유만으로도 사람 관계가 편해진다. 일본인들의 겉마음(다테마에), 좋고 싫음의 문제가 아니다. 얼마나 알고 이해해서 여하히 그 본심을 읽어내느냐의 문제다. 지금도 학습 중이다.

『수필문학』 2024. 11월호 -일본문화 엿보기

---

20) 관습적 가식 : 일본의 지나친 인사나 친절 문화가 오랜 무사 시대를 살아오며 생긴 생존 처신에서 비롯되었다는 설을 따옴. 약 700년 계속된 무사 시대엔, 실제로 평민과 심지어 하급 무사까지도 길 가다가 상급 무사에게 죽임을 당하기도 했음(사무라이 특권).

동상이몽(同床異夢)

한국전쟁의 영웅 맥아더는 일본에서도 영웅이다. 일본 인터넷에서 '막카사(맥아더의 일본식 발음)'라고 치면 그는 일본 민주주의와 전후 경제부흥의 초석을 닦은 매우 긍정적인 인물로 나온다. '마지막 쇼군(장군)'이라고까지 불렸으며 6년간의 통치를 끝내고 돌아갈 때는 공항으로 몰린 송영 인파가 100만 명이 넘었을 정도였다.

하지만 그는 점령군 사령관이었다. 부임하자마자 일본 왕을 자기 집무실로 불러들여 위압적인 회담을 가졌던, 말하자면 일본 총독에 해당하는 사람이다. 그뿐 아니다. 맥아더 사령부는 원폭을 투하했던 히로시마 인근에 연구소를 짓고 사체를 사들여 모종의 연구도 했다. 공습이 한 번도 없었던 도시를 표적으로 한 것이 폭탄의 위력을 알기 위함이었다면, 이 실험은 피폭의 후유증을 알기 위함이었다. 그것이 사체이긴 했으나 미국도 인체 실험을 했던 거다. 책에서 본 내용이 아니다. 히로시마 평화 기념관에 있던 설명문에서다.

이런 미국을 일본인들은 절대 원망하지 않는다. 나는 동경에 살면서 또 귀국해서 지금까지도 미국에 대해 험담하는 일본인을 본 적이 없다. 언론인이나 정치인은 말할 것도 없다. 묘한 일이다.

'흐르는 물에 흘려보낸다.' '긴 쪽에 가서 기꺼이 감겨라'라는 일본 속담이 있다. 지난 일은 잊고 힘이 센 쪽에 붙으라는 말이다. 100년 내전이었던 전국시대 생존 방식이었고 현재도 유효한 그들의 처세술이다. 할아버지 때는 미국과 싸우는 게 정의였고 지금은 미국과 잘 지내는 것이 정의다. 변절로 보이는 건 아무래도 좋다. 실리만 있다면 다 용서되는 일이다. 일본에선 실리를 위한 변절 또한 하나의 정의인 것이다.

나라를 붓으로 다스린 조선과 칼로 다스린 일본은 확실

히 달랐다. 우리는 약자에게 관용을 베풀기도 하지만 일본에서 그건 허세다. 우린 강자에게도 가끔 대들곤 하지만 일본에선 바보짓이다. 그래서 일본인들에겐 강자에게 약하고 약자에겐 강하다는 말이 따라붙는다. 우리는 그런 일본을 비열하게 보지만 일본은 우리를 어리석게 여긴다. 실제로 한국을 좀 안다는 내 일본 지인도 우리 대중 집회는 이해하지 못한다. 이득 없는 일이라는 것이다. 상대적이긴 하지만 우리는 명분을 일본은 실리를 중시한다. 이 둘을 대저울로 달 수 있다면 아마도 정확히 대칭 관계를 보일 것이다.

　여행 가서 만나는 친절하고 상냥한 일본인 생각은 잠시 접자. 여기선 이해관계로 상대해야 하는 일본인들 이야기다. 그들의 모든 판단 기준은 오로지 실리다. 엄연한 이해관계인데도 명분을 실리보다 앞세우는 건 한가한 행위다. 심지어 솔직하지 않게까지 본다. 실리에 임하는 자세가 우리보다 훨씬 냉정하고 노골적이다.

　이런 일본에 우리 정부는 지난해 봄, 통 큰 제안을 했다. 상대를 감동시켜 큰 양보를 끌어내겠다는 구상이었다. 당시 일본 매스컴에서도 그랬듯이 확실히 우리 제안은 파격적이었다. 하지만 일 년이 지난 지금까지 이렇다 할 반응이 없다. 잘 지내자는 마음은 고맙다면서도 우리가 한 제안은 조금 더 두고 보겠다는 것일까.

  일본 측이 좀 얄밉긴 해도 한일 양국 관계가 이만큼이나마 개선된 건 다행한 일이다. 하지만 진정한 관계 회복엔 앞으로도 상당한 시간이 걸릴 것이다. 한 전문가[21]가 말했다. 한일 양국은 늘 미래지향적 관계를 강조하지만, 여기엔 서로가 감춰둔 다른 말이 들어 있다고. 일본은 '과거는 덮고'가, 우리는 '과거는 정리하고'가. 동상이몽이다.

                        『수필문학』 2024. 9월호 -일본문화 엿보기

---

[21] 동북아역사재단 이명찬 박사의 말을 인용.

현모양처

현모양처(賢母良妻)란 말이 있다. 말 그대로 어진 어머니이자 착한 아내란 뜻이다. 시부모님께 순종하고 말없이 안살림 도맡아 하던 우리 어머님들 모습, 우리 어릴 적 이상적인 아내상이기도 했다.

본디 중국에 있던 이 말이 이 땅에 들어온 건 일본을 통해서였다. 일본에선 '양처현모(良妻賢母)'라고 했다. 언뜻 좋은 말 같아 보이지만 그 속내는 따로 있었다. 1920년대 '다이쇼 데모크라시'라고 불리던 일본 민주주의 시절에 분출했던 여성들의 사회 진출 욕구를, 가정을 지키는 것이야말로 여성 최고의 덕목이란 말로 설득 억압하여 여자들을 다시 집 안에 가둔 것이다.

사실 남성 우위는 전 지구적 현상이었다. 이유는 남자가 여자보다 기운이 세어서다. 농경시대에선 강한 노동력이 경제권이자 권력이었다. 가부장 시대 남아 선호 사상도 같은 맥락이다.

어릴 적에 '남녀 칠 세 부동석'이란 말이 있었다. 골목에서 노는 것도 남녀가 유별하여 남자아이들은 딱지치기나 구슬치기를, 여자아이들은 고무줄 넘기를 하며 따로 놀았다. 학교도 중학교부터는 남녀 학교가 따로 있었다. 다들 이성 간 지켜야 할 예절이나 대화법을 익히지도 못한 채 사회로 나갔다. 그나마 여자아이들은 학교라도 보내주면 다행이었다. 아니면 공장 같은 일터로 나가야 했으니까. 가난하기도 했지만 참으로 미개한 시절이었다.

일본에서의 여성 해방은 전후 맥아더 사령부가 주도한 민주주의 통치로 시작해서 이어진 산업화로 완성된다. 고도성장과 더불어 소득이 증가하고 취업 여성이 늘면서 자연스레 양처현모라는 말도 사라졌다. 대표적인 현상이 급격히 늘어난 미혼 여성이다.

일본이야말로 극심한 남존여비 사회였다. 무사 시대의 여성은 남편을 주인으로 섬기며 가문의 자손을 이어가는 존재에 불과했다. 시대극에서 가끔 보이는 자기 남편에게 절하는 아내 모습이 그 전형이다. 그런 시대가 무려 700년도 넘게 지속했다. 일본에선 지금도 남편을 남들에게 말할 때는 습관적으로 주인이란 호칭을 쓴다. 물론 진짜로 주인이라 여기는 부인은 한 사람도 없지만.

우리도 같은 산업국가로서 일본과 비슷한 과정을 밟는다. 싱글족 같은 건 이미 일본을 추월했다. 각계각층에 여성들의 진출이 활발하다. 무엇보다 지금은 완력보다는 아이디어와 같은 지적 능력이 힘인 세상이다.

어쩌면 현모양처의 상징인 신사임당도 그 이미지를 바꿔야 할지 모르겠다. 실제로 그분은 율곡이란 아들을 키워낸 훌륭한 어머니이기도 하지만, 부자였던 강릉 친정을 뒷배로 학문과 예술 활동을 하면서 자신의 삶을 살아갔던 분이기도 하다. 이런 분연했던 여인의 면모가 지금 한국 여성들에게는 더 잘 맞을 거 같다는 생각을 해 본다.

아버지들이 부엌 근처도 안 간 세대였다면 우리는 부모 눈치 봐 가며 설거지 정도는 하는 세대였고, 아이들은 제 부모 앞에서 조리까지 하는 세대다. 대부분이 맞벌이 부부이니 그럴 만하나 솔직히 보기 어색한 것도 사실이다. 그만큼 세상이 변한 것이다.

　무려 세 세대의 각기 다른 모습이 내 당대에 흐르고 있다. 이런 급격한 변화에 가장 힘든 세대는 누가 뭐래도 우리 세대다. 남존여비의 풍습에서 나고 자란 우리가 지금은 거의 반대가 된 현실을 머리로 이해하며 살아가고 있다. 속된 말로 머리에 쥐가 날 정도다. 우리야말로 이성 간 대화에도 가장 서툰 세대, 지금도 동호인 모임에서 만나는 여성분들과의 대화는 조심스럽기만 하다.

　이러니 여성운동하시는 분들, 이젠 좀 살살해도 되지 않을까? 세상은 변했고 요즘 남자들 충분히 고생하고 있다.

『수필문학』 2024. 10월호 -일본문화 엿보기

야스쿠니 신사(靖国神社)

 6월엔 6·25와 현충일이 들어 있다. 현충일 하면 제일 먼저 국립묘지가 떠오른다. 사람이 죽어 국립묘지에 묻힌다는 건 퍽 괜찮은 일이다. 국가 유공자였다는 거니까. 그래서 공식 방문하는 외국 원수들도 반드시 참배한다.

 외빈 참배가 없는 국립묘지가 하나 있다. 일본 야스쿠니 신사다. 어떤 나라 원수도 그곳을 방문하지 않는다. 아니, 가서 참배할 수가 없다. 그곳에는 2차 세계대전 침략 전쟁을 수행했던 A급 전범들 위패가 안치되어 있기 때문이다.

야스쿠니 신사는 본디 '동경초혼사(東京招魂社)'란 이름으로 메이지 유신 때 죽은 '천황 쪽 무사들'[22]을 기리기 위해 세워졌다. 그 후로 다른 전쟁에서 죽은 장병으로까지 확장되었는데, 묘지가 있는 건 아니고 위패만 있다. 메이지 유신으로 강국이 된 근대일본의 상징이기도 하다.

전후 일본 정부는 그런 향수 때문이었던 건지 슬그머니 2차대전 전범 14명의 위패를 끼워 넣는다. 당연히 비난이 빗발쳤고 매년 해 오던 일본 정부의 공식 참배까지도 상당기간 중단된다. 1978년의 일이다.

야스쿠니 신사는 A급 전범 문제 말고도 그걸 세운 사람이 하필이면 '이토 히로부미'(당시 총리)라는 점에서 우리로선 기분 나쁜 곳이다. 하지만 거기에 안치된 혼령들은 대체로 일본의 전쟁 희생자들, 특히 2차대전 때의 전몰자들이 압도적으로 많다. 무려 250만 명에 가깝다. 누군가의 아들이자 남편이고 아버지로서 그 유족만도 상당수다. 우리 국립묘지 관련 유족과는 비교가 되지 않을 정도로 범국민적이다. 따라서 우리도 신사 참배를 강행하는 정치인들만 욕해

---

[22] 메이지 유신 때 천황의 편에 섰던 무사들, 좁게는 이토 히로부미와 같은 조슈번 출신 무사들. 조슈번은 본섬 서쪽 끝단에 있는 현재의 야마구치현. 동경초혼사가 만들어진 건 1869년.

야지 야스쿠니 신사 자체를 욕할 것까지는 없다는 생각이다. 공연히 수천만 일본인들의 미움을 사는 게 될 수 있다.

2차대전 당시의 징병과 징용은 우리에게도 깊은 상처지만, 사실 그 피해는 일본 국민이 먼저였고 심했다. 전쟁 당사국 국민이니 당연한 일이다. 다만, 얘기들을 하지 않으니 못 들을 뿐이다. 애국심에서 그러는 거 같지는 않다. 자식이 대형 사고로 죽어도 사람들 앞에선 소리 내어 울지 않는 사람들이다. 그들 특유의 인내심 아니, 억울함이나 원망 글쎄 어쩌면 체념인지도 모르겠다.

아무리 자기 나라 전쟁이라지만 누가 전쟁터에 나가 죽고 싶을까. 「이오지마(硫黃島/유황도)에서 온 편지」라는 영화가 있다. 전후 이 섬의 동굴에서 발견된 편지를 모티브로 하여 만들어진 영화인데 대체로 실화다. 맨 마지막 장면, 미군에 패하고 죽음을 앞둔 사령관과 전령병(수행 장병)의 대화가 인상적이다.

먼저 오사카 출신인 전령병이다. 공습 훈련 중이었는데 기르던 개가 놀라서 짖었다. 순찰 군인들이 들이닥쳐 다짜고짜 개를 죽이길래 항의했다. 그랬더니 불순분자라면서 징병으로 나를 이 섬으로 보냈다. 결혼 6개월 된 아내가 몹시 보고 싶다.

사령관은, 자네는 투항하여 살아 돌아가라고 하곤 자살한다. "참 이상도 하지. 나라와 가족을 위해 목숨 바쳐 싸우겠다고 다짐했건만, 가족을 생각하면 그 다짐이 흔들리니 말이야." 그의 마지막 말이었다. 전쟁을 두 번이나 겪은 아버지도 늘 말했다. 전쟁터에 나가는 게 애국인 건 맞지만 막상 전투가 시작되면 나라 생각 같은 거 없다고. 보이는 건 오직 정면의 적과 곁의 전우뿐, 살아남으면 집 생각인 거고.

아마도 그 사령관도 병사도 야스쿠니 신사에 합사되어 있을 것이다. 야스쿠니 신사, 그 이유가 무엇이든 수백만의 영혼들이 누워 있는 슬픈 곳이다. 그런 곳에 고작 14명의 A급 전범들이 끼어 앉아 매년 8월 15일(일본에선 종전 기념일)이면 위정자들의 참배까지 받는다.

오래되었지만 기억한다. 신사 내 박물관 출구에 대문짝만하게 붙어 있던 '대동아 공영권'[23]이란 섬찟한 글귀를. 또 신사 마당 한쪽에 세워진 '기다리는 가족' 동상 앞에서 두 손 모아 합장하고 있던 노부부를.

『수필문학』 2025. 6월호 -일본문화 엿보기

---

[23] 대동아 공영권 : 본래 명칭은 아시아 패권을 노린 대동아 신질서 건설(안)임. 숱한 전쟁의 명분이 됨.

벚꽃은 지고

 다시 찾은 동경 신주쿠 어원(御苑), 벚꽃이 지고 있다. 고작 일주일 정도 가는 것 같다. 꽃 자체가 너무 화사하여서 금방이라도 어떻게 될 것 같은 불안감마저 들게 한다. 그래서 '사쿠라(벚꽃의 일본말)'라는 말이 우리나라에선 변절의 이미지를 가지게 된 건진 알 수 없으나, 사람들은 매화꽃을 보고 겨울이 다했음을 알듯이 벚꽃이 피고 져야 비로소 봄이 한창임을 실감한다.

 며칠 전이다. 일본 원호가 바뀐다는 뉴스가 있었다. 5월 1일부터 현재의 '평성(平成/헤이세이)'에서 '영화(令和/레이와)'로 바뀐다는 것이다. 원호란 옛날 왕조 시대에 쓰던 연대 표기 방식이다. 실제로 일본서는 모든 국내 공문서나 일상생활에서 서력을 쓰지 않고 원호를 쓴다. 그러니까 5월부터 태어나는 아이들은 호적에 '영화(令和) 1년생'으로 표기된다. 내 경우를 대입해 본다면, '소화(昭和) 31년생'이니까 일본 왕 3대째를 살아가는 셈이다. 헷갈리기는 하나 세월의 흐름은 더 잘 느껴진다.

국제 간에는 서력을 써야 하니, 이중 사용이 불편할 텐데도 원호력(元號曆)이 유지되고 있는 것은 그것을 쓰는 사람들이 바로 일본 사람들이기 때문이다. 곤충들이 자기들만의 냄새로 동족을 가리듯 일본인들은 그들만이 쓰는 원호로, 태초의 왕가를 유지하고 있다는 프라이드와 함께 모두가 같은 편임을 확인하고 안도한다.

새 원호 영화는 세상의 조화를 표방했다지만, '일본이 되어라'라는 또 하나의 해석이 뒤따른다. 일본을 상징하는 화(和)에 영(令)이란 명령어가 붙었기 때문이다. 평화를 이룬다는 원호인 평성의 30년 세월을 보냈으니, 이젠 할 말도 하고 전쟁도 필요해지면 할 수 있는 나라로 가야겠다는 의지를 내포하고 있다는 말이다.

부국강병에 성공하여 청과 러시아를 꺾고 대만과 조선을

삼킨 명치(明治/메이지)부터, 우리 일제강점기 앞 절반을 통치했던 대정(大正/다이쇼), 미국에까지 전쟁했다가 패전하여 하마터면 일본 마지막 왕이 될 뻔했던 소화(昭和/쇼와)를 거쳐, 평화주의자인 평성(平成/헤이세이) 그리고 이번의 영화(令和/레이와)까지가 지금의 일본을 만든 원호들이다.

관건은 아베 정부가 추진하고 있는 평화헌법 개정이다. 몇 해 전에 공식 발표가 있었는데 당시 매스컴들은 헌법 개정 내용보다도, 이를 대내외에 천명했다는 사실에 더 방점을 두었다. 일본 정부가 개인들도 그렇지만 어떤 사실을 공표할 때는 이미 모든 계산이 끝나 있다고 봐야 한다. 이런 점에서 새 원호 영화는 그런 자신감을 드러내는 하나의 징표일 가능성이 크다.

왕위가 선왕의 생전에 양위 되는 건 근래 200년간 없었던 일이라고 한다. 그래서인지 퇴임하는 평성 왕의 생각과 그 퇴임 타이밍에 관한 이야기도 많다. 평성은 그 속은 알 수 없으나 현재까지 보인 것만으로는 평화주의자다. 수상인 아베와는 다르다.

한마디로 평성은 야스쿠니 신사에 단 한 번도 참배 가지 않았다. 아베는 자신의 외조부이자 원조 군국주의자인 기시(岸) 전 총리의 노선이지만, 평성은 그 반대다. 군국주의자들이 선도한 전쟁 참상을 보면서 자랐고, 커서는 실권 없는 왕가의 설움을 겪은 뒤 그나마 60이 다 된 나이에 즉위한 그늘이 깊은 반전론자이다.

새 원호의 제정은 아베 정부의 일이지만, 양위 시기의 결정은 왕실 고유의 권리다. 해서 지난번 전격적인 생전 양위 발표가 아베의 헌법 개정에 건 최후의 브레이크가 되었다고 한다. 법에도 없는 생전 양위를 공표해 버리자 허겁지겁 그 근거 법을 만들어내느라 한동안 평화헌법 개정에는 손도 못 댄 것이다. 이제 아버지(평성) 뜻을 받드는 과제는 5월 첫날 즉위하는 신왕(영화)의 몫이 되었다.

새해 첫날에는 황거(皇居/왕궁) 베란다로 일 년에 한 번 모습을 드러내는 신왕을 보려고 사람들이 몰려들 것이다. 나도 동경에 살 때 호기심에 한 번 가 봤었다. 이해하기 어렵지만, 왕궁 먼발치에서 자기네 왕을 바라다보며 눈물 훔치는 이들이 적지 않았다. 이래서 아무것도 아니면서 동시에 모든 것이기도 한 존재가 일본 천황이라고 한다. 아버지에 못지않은 평화주의자로 알려진 신왕 영화는 어떤 메시지를 준비할까? 벌써들 헌법 개정을 둘러싼 아베와의 갈등이 그의 즉위 첫해를 어지럽힐 것으로 예견힌다.

어원(御苑) 여기저기 벚꽃이 떨어진다. 흩어지는 꽃잎들이 마치 전쟁 포화 속에서 산화해 간 슬픈 청춘들 같다. 쇼와 시대 화려했던 한때의 대가는 당대의 참담한 추락이었음을 다시 한번 확인한다. 사람들은 지는 벚꽃이 아쉬워 서성인다. 떨어진 꽃자리에서 돋아난 초록 잎사귀가 보인다. 새잎은 또 한철 뜨거운 여름을 예고하고, 애잔한 꽃잎은 내년을 기약할 것이다. 흩어지는 꽃잎 위로 세월이 흐른다.[24]

『수필문학』 2019. 4월호

---

[24] 지인이 쓴 시구 일부를 차용(借用)함.

지금은 축하해야 할 시간

　작가 한강이 노벨 문학상을 수상했다. 일찍이 유망 작가란 건 알고 있었지만 노벨상까지 받을 거라곤 생각하지 못했다. 뜻밖의 경사다.
　문장이 독특하다. 언뜻 비문(非文) 같은 데도 묘하게 이야기로 엮이면서 진한 여운을 뿜는다. 어떤 대목에선 읽기를 멈추고 잠시 음미해야 했다. 길지도 않은 소설이 밀도 있고 단단하게 느껴졌던 이유다. 오묘한 표현들, 그냥 한 장을 뜯어내어 성립하면 한 편의 시가 되었다. 스웨덴 노벨위원회가 한강을 수상자로 선정하면서 '강렬

한 시적 산문'을 그 이유로 들만했다.

대체 이런 표현들을 번역은 어떻게 했을까, 나는 읽은 문장을 다시 기억해 내기도 어려운데. 문장을 통으로 받아들여 자국어로 새로 쓰다시피 했을 것이다. 이래서 번역을 또 하나의 창작이라고 하나 보다. 하긴 통역대학원에서도 국어 공부를 많이 시킨다고 했다. 정확한 자국어 구사가 해당 외국어만큼 중요한 것이다. 말로 옮기는 통역이 이렇다면 글로 남기는 번역은 더 할 것이다. 그래서 번역가에게도 원작가와 동등한 상금을 주는 거겠지만.

일본에선 두 사람이 수상했다.[25] 첫 번째는 우리에게도 알려진 소설 『설국(雪國)』을 쓴 '가와바타 야스나리'다. 일찌감치 1968년에 수상했다. 작품은 매우 서정적이지만 작가 자신은 우익 국수주의자다. 수상 소감에서 일본을 아름다운 나라라고 찬양했을 정도로.

두 번째는 1994년에 수상한 '오에 겐자부로'다. 사람이 좀 특이한데 한마디로 반골이다. 수상 소감으로 먼젓번 수상자를 비난부터 하고 나섰다. 일본은 아름답지도 않고 오

---

25) 일본 노벨 문학상 : 공식적으로는 두 명이지만, 부모 따라 영국인으로 귀화한 가즈오 이시구로(2017년 수상)를 포함하면 사실상 3명이 된다. 본인은 뼛속까지 일본인이라 주장한 바 있다.

히려 애매모호한 나라라면서. 이어서 그 모호함이 일본의 아시아 침략을 불러일으켰고 자신은 그 상흔을 지닌 소설가로 살아가고 있다고 고백했다. 그것도 전 세계로.

그뿐 아니다. 훗날 자기네 왕이 하사하겠다는 훈장도 거부했다. 수여자인 왕이 반민주주의의 상징이란 게 그 이유였다. 대단한 사람이다. 살면서 그렇게까지 대놓고 자기주장을 펴는 일본인은 보지 못했다.

일본 매스컴의 반응이 재미있었다. 그의 언행으로 인해 받은 상처에 대해선 일체 침묵했다. 그리곤 아무 일 없었다는 듯이 일제히 노벨상 수상을 축하했다. 지금은 우리가 축하해야 할 시간이라면서. 언뜻 성숙한 행동처럼 보이지만 실은 그렇지가 않다. 일본 사회의 수치심을 드러내 보이지 않기 위해 마음에도 없는 찬사를 보낸 것이다. 일본인들에게 수치심은 그것이 드러나지 않는 한 수치심이 아니다.

오에 겐자부로는 그 후로도 반전운동과 평화주의자로서 작가 이상의 삶을 실천했다. 면전에선 절대 싫은 소리 하지 않는 일본인들 특유의 내숭이 본인에게는 숨 쉴 구멍이 되긴 했을 것이다. 어쨌든 그는 노벨상 수상자였다. 일본에서도 실력만 뒷받침되면 소신껏 살아갈 수는 있다. 난 외톨이로다. 할 말은 했던 야구선수 장훈(張勳)이 그랬다. 그도 일본 야구의 전설이었지만 끝내 프로팀 감독 한번 해 보지 못한다.

  다시 한강이다. 우리 역사상 처음인 노벨 문학상 수상, 당연히 축하하는 분위기다. 다만, 몇 작품에서 자라나는 아이들이 그 책을 읽고 혹시라도 기울어진 역사관을 갖게 될까 우려하는 목소리가 있는 것도 사실이다. 하지만 어디까지나 문학 작품이다. 책 하나로 사람의 사고가 완결되지도 않는다. 오히려 진실에 대한 궁금증으로 다른 여러 책도 보게 되면서 더욱 균형이 잡혀갈 것이다. 우리 아이들은 바보가 아니니까. 지금은 축하해야 할 시간이다, 진심으로.

『수필문학』 2025. 1·2월호 -일본문화 엿보기

대구 수성못

 대구 수성못, 오랜만이다. 호수 주변의 카페와 레스토랑은 한번 들어가 보고 싶을 정도로 여전히 예쁘다. 최근 들어 도시가 힘이 좀 빠진 듯하나 그래도 대구에선 학군 좋은 부촌으로 여러모로 서울의 석촌 호수를 닮은 곳이다.

 본래 호수 주변은 너른 논밭이어서 예전엔 수성들이라고 불렀다. 민족 시인 이상화의 대표작 「빼앗긴 들에도 봄은 오는가」에서의 '빼앗긴 들'이 바로 이 수성들이다. 이 들판에서 '빼앗긴 소국 산천'의 영감을 얻은 것이다. 그래서 만들어진 것이 저수지 입구 야트막한 언덕에 있는 '상화 동산'이다. 그의 동상과 시비가 있고 시문학 거리가 잘 조성되어있다. 인근 달성군의 이상화기념관과 더불어 시인을 느낄 수 있는 대구의 명소이자 항일 민족정신을 일깨우는 교육장이다.

살랑이는 호수 물결이 발걸음을 가볍게 한다. 저수지를 절반 이상 도니 언덕배기 야산 입구에 제법 잘 꾸며진 묘지가 하나 나온다. 생뚱맞게도 일본인 묘다. '미즈사키 린타로'라는 사람인데 바로 지금의 수성못이 있게 한 사람이라고 적혀있다. 이 사람이 일제강점기 시절 수리조합을 만들고 저수지를 지금 크기로 키워 그 넓은 수성들에 물을 댔다는 것이다.

그는 일본 고향에서 크게 실패하고 이판사판으로 식민지 조선으로 뛰어든 소위 '개척 농민'이었다. 자신의 사업인 화훼농장에도 물이 필요했으니 수리조합은 자신의 인생 후반부 필생의 사업이었던 것, 수리조합은 성공적이었다. 당시 권력이었던 일본인 대구 지사로부터 받은 특혜와 악독 친일 인사를 수리조합장으로 내세운 과정 일체를 곱게 보지 않는 시각도 있다. 하지만 여기선 수리조합을 둘러싼 친일 행각을 밝히려는 게 아니다.

중요한 건, 그렇게 조성한 저수지가 넓은 수성들의 젖줄이 되어 농민들에게도 도움이 되었다는 사실이다. 그는 자신이 축조한 저수지에 애착이 강했던 것 같다. 죽어서도 고향에 돌아가지 않고 수성못이 내려다보이는 지금의 장소에 묻혔다. 이런 사실을 좋게 보는 한일 친선 교류회가 추모제도 올린다고 한다.

이 묘가 맞은편 '상화 동산'과 어우러져 묘한 연상을 일으킨다. 저수지를 마주하고 있는 조선인과 일본인, 어떻게 보는 게 바로 보는 걸까. 편을 갈라놓고 보는 건 너무 쉽고 게으르다. 사실 국적이 다른 두 사람이 서로 자기 일을 했던 거니 굳이 따질 일도 아니다. 얘기할 수 있는 건 두 사람 다 자기 삶을 치열하게 살아갔다는 점이다. 한 사람은 빼앗긴 들이 죽도록 사무치던 민족 시인으로서, 다른 한 사람은 나름의 삶에 최선을 다했던 이방인으로서다. 그것이 정서적으로 또 경제적으로 지역민에게 도움이 되었던 것이고. 다르면서 닮은 점이다. 그러고 보니 둘 다 죽은 해도 비슷하다. 같은 시대를 살다 간 사람들.

인생은 어쩌면 흘러가는 자리에서 최선을 다하는 것뿐인지도 모르겠다. 적어도 계획적이진 않다, 나도 그랬듯이. 지난 세월 절실했던 순간마다 작동했던 건 뜻밖의 우연이었다. 그 과정에서 내가 얼마나 진심이었던가 만이 또렷할 뿐이다.

 한 바퀴를 다 돌았다. 멀리서 다시 보니 아까 그 두 사람 모두 수성못을 바라다보고 있는 듯하다, 서로가 꿈꾸던 세상을 품고서. 이젠 빼앗긴 들도 그 들판에 물을 대던 저수지도 아니다. 그저 하루빨리 서울 강남처럼 되길 바라는 아파트촌일 뿐이다. 속절없는 세월 많이도 흘렀다.

| 이근영의 수필세계 |

일상을 거닐며 추억을 불러내서 짜는 색동 베

오경자
(평론가, 국제PEN한국본부 고문)

문학은 무엇일까? 여러 가지로 말할 수 있겠지만 삶의 축도가 아닐까? 아니 예술이란 모두 삶의 축도라 할 수 있다. 그러기에 삶의 진수를 얼마나 잘 담아내고 있는가에 그 성패가 달려 있는 것이라 생각한다. 삶을 있는 그대로 펼쳐 보이면 기록이라 하지만 비틀고 꼬아 놓을수록 사람들은 그 속에서 그 의미의 진수를 찾아내느라 안간힘을 쓴다. 그 궤적이 어렵고 힘들수록 좋은 작품이라고 경탄하며 빠져드는 것이 아닌가 싶다. 삶이 치열하기에 그 삶을 노래하고 있는 예술이라는 것을 사람들은 사랑한다.

문학의 한 장르인 수필이 현대에 오면서 주목받기 시작한 것은 우연이 아니라고 생각한다. 삶이 경제적 입장에서 보면 말할 수 없이 풍요롭고 좋아졌는데 인간의 행복지수는 날로 더 떨어지고 모두 자신이 불행하다고 느끼는 시대에 살게 되면서 우리는 수필에 눈을 돌리고 그 담박함에 삶의 무게를 실어 보내고 싶어졌는지도 모르겠다.

읽는 것으로 만족할 수 없어 날로 수많은 수필가가 우리 앞에 등장한다. 상대적 박탈감이 실제의 풍요를 무색하게 하면서 하루가 다르게 우리 삶과 특히 정신세계를 피폐하게 만들기에 우리는 수필에 열광하는지도 모르겠다. 수필은 바로 삶이고 그대로 나의 거울이어서 그렇다. 작가의 실제 체험이 내 것과 같고 진솔한 표현이 내 마음을 흡족하게 채워준다. 그가 노래하는 자연과 삶의 사랑이 바로 내가 하는 말이기에 독자는 열광한다.

여기 이근영의 수필이 바로 그렇게 우리 걸음을 멈추게 한다. 이근영은 그의 첫 번째 수필집에서 그의 자연사랑과 서정을 아낌없이 풀어내는데 그 글은 현재의 일상에서 출발하지만 아주 자연스럽게 그의 체험 세계를 섭렵한다. 자연을 예찬하며 그 속에 추억과 현재 상황을 정교하게 섞어서 고운 색동 베를 펼쳐 보인다. 그의 담박한 문체와 절제가 바쁜 현대인의 취향에 딱 맞는 것 또한 그의 수필을 돋보이게 하는 원동력이다.

첫눈은 많은 사람에게 한결같은 서정으로 다가온다. 이근영은 그 첫눈 오는 날의 상념을 담아내는데 착한 위선자라고 명명하며 화자를 내세운다. 그 속에는 만나고 지나쳐 보낸 여인의 이야기도 있건만 첫눈 스러지듯 지극히 담박하게 흘려 보낸다. 낙엽의 애증을 노래하고 첫눈 오는 날 우리의 주변 일상을 가감 없이 담아내는 수필 한 편에 그의 오늘과 어제가 아무 일 없다는 듯 고즈넉이 앉아 있다.

우리는 안다. 우리도 언젠가는 낙엽처럼 저렇게 지고 말 것이란 걸. 가련한 낙엽을 두고 하는 좋은 말들, 따뜻한 말이긴 하나 위선이다. 다만 착한 위선이다.
이런 가을날 창밖을 보고 있노라면 사람 생각이 난다. 누군가가 그립고 사랑하고 싶고 공연히 심각해지고 싶어진다. 그냥 보내 버린 가을날이 많은 탓일까, 이 나이에 가을을 탄다. (중략)
그날따라 늦게 일어난 아내가 창가로 다가왔다. 내 커피를 당겨 마시며 환히 웃는다, 이거 올해 첫눈 아니냐면서. 오늘 저녁은 해마다 첫눈이면 하는 멋진 외식이 될 것이다. 창밖엔 여전히 눈이 내렸고 강아지 발자국도 보이지 않았다.
- 「착한 위선자의 첫눈 이야기」 중에서

수필가 이근영은 여름 길목에서 봄맞이 여행을 하며 생동하는 계절의 소리를 듣고 그의 젊음을 불러온다. 휴양림 안의 통나무집 생활은 그에게 새로운 환상이며 삶의 활력소를 얻는 지름길이기도 하다. 변하는 계절의 소리를 들으면서 아내와의 젊은 날을 불러오고 자연과 고독과 인연을 반추해 보는 글을 읽어가노라면 풋풋한 자신들의 젊은 날이 저절로 떠올라 독자의 가슴을 설레게 한다.

아내랑 함께 갔던 우이동 계곡이 생각났다. 만난 지 얼마 안 되었을 때다. 당시엔 오전 근무를 했던 토요일 오후, 복장은 정장에 구둣발이던가. 계곡 한쪽 바윗돌을 골라 앉았다. 자꾸만 움츠러드는 마음 감추느라 호기롭게 양말을 벗고 두 발을 통째로 담갔고, 무슨 얘긴지 열심히 했다. 그런 나를 쳐다보는 주변 사람들이 많았다. 개울에서 양복 차림으로 허둥대던 모습이 아마도 우스꽝스러웠을 것이다. 그래도 함께 기억하는 몇 안 되는 소중한 장면이다.

- 「여름 길목에」 중에서

산천만이 자연이 아니다. 옥상에다 텃밭을 차리고 즐거워하는 작가의 모습을 대하면서 또 다른 재미를 독자는 맛볼 수 있다. 노년에 우연한 기회로 처남과 한 건물 위아래 층에서 살게 되면서 옥상에 텃밭을 만들고 즐기는 초로 부부의 웃음소리가 행간에 넘쳐나는 수필이 「옥상 텃밭」이 아닐까 싶다.

마당이 옥상으로 올라앉은 셈이다. 옥상 한가운데는 상자 텃밭이고 가장자리는 크고 작은 화분 밭으로 둘렀다. 옥상 난간은 혹시라도 강아지가 튀어 나갈까 봐 '갈대 발'로 높이를 키워 둘렀다. 아늑하다. 이제 옥탑 창고 살짝 그늘진 한편에 파라솔만 놓으면 완성이다. 주문한 남색 파라솔이 품절이라 베이지색으로 바꾸어 들어올 거라고 했다. 아무러면 어떤가, 그 아래에서 해 질 녘 커피 한 잔이면 족한 걸. 함께 즐기던 마당도 좋았지만 나 혼자 즐기는 옥상은 더 좋다.

아래층에서 강아지가 짖는다. 푸성귀 뜯었으면 얼른 내려오지 뭘 하고 있냐고들 야단이다. 오늘 저녁은 아래 처남네와 함께 쌈밥이다. 사는 재미가 하나 더 늘었다.

-「옥상 텃밭」중에서

성찰을 통한 성숙의 이야기 은퇴

사람은 자신의 모습을, 삶을 돌아볼 때 거울 이야기를 많이들 한다. 작가는 은퇴한 어느 날 자신의 지난날 바쁘게 내몰리다시피 살아가던 어느 모습을 거울을 통해 술회하며 그때를 반추한다. 은퇴 후의 여유를 말하며 젊은 날 쫓기듯 살아냈던 날들을 소중하게 싸안는다. 성공적으로 살았다는 데 대한 감사가 행간에 깔려 있다.

비몽사몽이지만 습관적으로 거울 앞에 선다. 거울 속에 비친 내 모습, 그래도 나는 내 얼굴을 한 번은 보는데 거울 속 나는 결코 나를 보는 법이 없다. 온통 그날 예정된 회의와 만날 사람들 생각으로 머리 한가득이다. (중략)

넥타이는 대강 목에 두른 채 현관으로 내닫는다. 오른손으론 자동차 키를 왼손으로 아내가 챙겨 주는 샌드위치를 움켜쥐고서다. 닫히는 엘리베이터 문틈으로 '핸드폰, 아침 약은요' 하는 아내 목소리를 들으며 급히 엘리베이터 하강 버튼을 누르면 긴 하루 시작이다.

처음으로 마주친 눈빛, 마치 오래 기다리던 사람과 만난 기분이다. 그윽한 눈길 마음 한가득이다. 이번엔 내가 먼저 일어났다. 저도 따라 일어선다. 나직이 말을 건넸다, 그동안 수고 많았다고.

- 「거울 앞에서」 중에서

  거울 앞에서 일하던 젊은 날의 출근 준비 모습을 그려내며 사경적(寫景的)으로 써 내려간다. 추억을 불러내어 회고 속에 일상을 말하며 은퇴 후의 무료함을 긍정으로 받는 모습을 그리고 있어 활기 있고 희망적인 수필이다. 은퇴는 여러 가지로 사람을 변하게 만든다. 그러나 작가는 그 일을 자연스럽고 당연한 일로 받아들이며 갈등하지 않는다. 오히려 성찰과 새로운 삶의 시작으로 새 삶을 설계한다. 그는 시간과 나에게서 자신의 지난날의 치열했던 시간들을 추억으로 불러오고 현직 시절의 팽팽함을 말하며 현재의 여유를 환영하기도 한다.

  확실히 은퇴란 건 별난 일이었다. 현역 시절에 부족하기만 했던 시간이 이번엔 너무 남아돌아 문제다. 그래서 나간 동네 도서관 복도에서, 「그 꽃」이란 시와 만난 것도 그 무렵이었다, 오를 때 보지 못한 꽃을 내려가면서야 본다는. 바쁘기만 했던 지난 세월이 주마등처럼 스쳤다.
  한편으론 위안도 되었다, 시인도 그랬다는 거니까. 내가 글을 쓰기로 마음먹은 건 그때부터였다. 잃어버린 나를 찾아가는 여행이었다. 환갑도 넘긴 나이가 늦었다는 생각도 들었지만 이 문제는 어느 노학자가 해결해 주었다. 백 살을 넘어 살아 보니 육십부터가 인생을 제대로 알 수 있는 나이더라고.

- 「시간과 나」 중에서

가족애, 부모님 그립고 아이들과 아내는 박제로 남아

부모님은 어째서 날이 갈수록 더 보고 싶고 그리워만 지는 건지, 아이들과 아내는 항상 함께하건만 그 지난날들은 무엇 때문에 박제로 남아 사무치게 그리운 건지 알다가도 모를 일이다.

가수 인순이의 아버지 노래를 듣다가 아버지 회고로 노래를 잇지 못하는 모습을 보면서 작가의 아버지를 그리워한다. 실향민인 아버지의 한과 아픔을 가슴에 녹이고 있는 아들의 심회를 담담하게 그려나가는 그의 작품은 여러 편이지만 하나 같이 가슴을 아리게 한다. 그 속에 아버지의 무한한 사랑을 뒤늦게야, 자식을 키우면서야 알게 되는 회한을 깊은 성찰로 담아내고 있어 수필이 아취가 있다.

> 돌아가신 지 20년이 지났다. 이젠 좀 무덤덤해질 때도 됐건만 어찌 된 건지 갈수록 아버지 생각이 더 난다. 어떤 날은 혼자서 펑펑 울기도 했다, 돌아가신 날에도 그렇게까지 울진 않았는데. 자라는 아이들 때문에 더 그렇다. 녀석들, 가르치지도 않았는데 어째서 내 그때랑 똑같이 구는 건지. 가끔 못마땅할 때도 있지만 야단도 못 친다. 그런 내게 항상 웃기만 하던 아버지 기억 때문에. (중략)
>
> 아버지란 그런 존재였다, 당신 나이 따라 먹어가며 딱 그만큼씩 알아지는 그런. 어쩌면 아버진 내가 지금쯤엔 이런 생각 하고 있을 것도 알고 있었는지 모른다. 늘 말씀하셨다, 어릴 적 우리 버릇 나빠진다며 방 빗자루 거꾸로 드는 엄마에게. "놔두라

고, 나중에 크면 다 안다고."
- 「나중에야」 중에서

「집으로 가는 길」의 수필은 가게를 하시느라 항상 바쁘셨던 부모님은 작가에겐 갈증이었다. 어느 날 아내를 따라 나선 재래시장 장보기도 기다란 그리움이었던가 보다. 학교가 파하면 곧장 시장 가게로 어머니를 찾아가던 어린 날을 회상하는 작가는 어머니에 대한 무한한 사랑과 그리움을 중언부언하지 않고 그때의 삽화 한 장으로 대신하고 있다. 또 「자판기 커피」를 즐기시던 아버지를 추억하며 오늘도 자판기 앞에 서는 작가는 아버지 그리움에 사무친다.

사진 속에 있는 아이들은 그대로 그리움의 덩어리다. 그들의 추억이 아니라 우리 부부의 추억이라는 술회는 고개를 주억거리게 만드는 대목이다.

그 녀석이 최근에 장가를 들었다. 며느리에게도 보일 겸 녀석의 어릴 적 사진을 정리한 앨범을 넘겨주었다. 유치원과 학교, 놀이동산에서 즐겁게 노는 모습이 담긴 흔적이라 새 가정에 좋은 선물이 될 것이라 여겼다. 그런데 뜻밖에도 녀석은 고맙다고는 하면서도 그다지 흥미로워하지 않았.
그랬다, 아이가 사진 속 주인공인 건 맞지만 정작 사진의 주인은 우리 부부였다. (중략)
그러고 보니 어릴 적 엄마도 그랬던 거 같다. 어쩌다 온 가족이 모여 앉게 되면 앨범 속 누런 흑백 사진들을 꺼내 보이며 그 시절 얘기를 했다. 매번 똑같은 얘기를 똑같은 길이로 마치 처음 하는 얘기처럼.

   놀이동산에서 찍은 사진을 보며 한 번씩 공연한 시비를 해 본다. 대체 이 아이들은 다 어디로 가 버린 거냐고. 주말엔 어머님께 전화라도 해 드려야겠다.

-「사진 속의 그 아이들」 중에서

수필의 중요 요소 중의 하나가 유머와 위트이다. 해학과 풍자에 해당되는 이 요소들은 우리나라의 고전 문학에서 잘 표현되고 있기도 한 부분이다. 이근영의 수필은 비유와 은유로 추억을 현실과 연결시키는 구성에 탁월함을 보여 준다. 그의 유머는 우스개 이야기를 가져오는 것이 아니라 그 표현과 구성 속에 유머가 번득인다.

이근영의 수필 속의 추억과 회한은 은유 속에서 숙성되어 은근한 맛을 지니고 있다.

   아내와 함께 차 안에서다. 오전에 들은 음악을 들려주며 말했다, 이 여왕을 소재로 글을 한 번 써 볼 생각이라고. 무슨 얘기를 하고 싶은 거냐며 웃는다. 아버지가 우리 결혼을 승낙하며 가족들에게 했던 얘기를 들려줬다. 대구에서 제일 유명한 집에서 본 사주인데, 며느리 될 사람이 천복을 타고난 사람이라니 당연히 우리 아이에게도 좋을 것이라고. 가족들 모두가 좋아했다. 하지만 아버지가 미처 모른 게 하나 있었다. 그 천복을 바로 당신 아들이 채워가야 한다는 것을. 이번엔 함께 웃었다.
「시바의 여왕」 중에서

아내에 대한 흡족감의 표시와 지금의 행복을 직접적 표현 없이 은유적으로 표현했다. 그 노련한 표현 속에 유머와 위트가 섬광처럼 빛나고 있다 하겠다.

세상사에 무관심할 수 없어 그의 붓끝이 아프다

문학이 세상의 소금이기를 포기한다면 존재 이유가 없다 해도 과언이 아니다. 이근영 수필가 역시 우리 시대가 아프고 전쟁이 아프고 평화를 갈망하는 염원이 그의 수필에 가득 담겨 있다. 분단의 아픔 속에서 끝내 고향땅을 밟아보지 못하고 돌아가신 아버지를 가슴 아파하고 그런 아버지를 잘 품고 살아오신 어머니에 대한 애틋하고 지극한 사랑이 전편을 흐른다. 평화가 갈망이고 이 나라 현실이 초미의 관심사다. 하지만 그의 수필은 평온과 절제를 잃지 않음으로써 그런 문제들을 문학적 주제로 잘 감당해 내고 있다.

일본을 삶 속에서 배운 작가

이근영은 보기 드문 일본통 작가라 할 수 있다. 젊은 시절 상사 일본 주재원으로 책임을 지고 일본에서 경영 일선의 업무를 담당했던 경제인이다. 피나는 경쟁 속에서 생소한 일본을 몸으로 배워가며 서로 다른 문화 차이의 벽을

몸소 체험으로 배우고 부딪히며 뚫고 나가는 생활을 했다. 그래서 그의 일본 지식은 고답적이거나 교과서적이 아니라 현실적이고 생활 그 자체에 기인한 지극히 실용적인 관점이라 하겠다. 그의 수필집에 그런 글들을 말미에 따로 묶음으로써 독자에게 편의를 제공함과 동시에 일본을 바로 아는 데 조금이라도 기여하고자 하는 바람을 표시하고 있다.

일본의 현실만을 말하는 것이 아니라 역사적 고찰과 생활 속에서 생기고 자랐을 그들의 사고방식을 가감 없이 전달함으로써 일본에 대한 새로운 이해도 할 수 있다. 또 우리가 일본을 바로 대할 수 있는 사고의 전환에도 크게 도움을 주는 일을 수필을 통해서 과감하게 행한 쾌거라 할 만하다.

우리는 금세기에 들어서도 역동적이었다. 3.1운동과 4.19 때가 그랬고 IMF 외환 위기 때가 그러했다. 우리는 평소엔 제멋대로 사는 것 같다가도 위기라고 느끼는 순간에는 확실히 잘 뭉친다. 친절함과 치밀함은 배울 수도 있는 것들이지만 역동성은 타고나는 것이다. 우리의 역동성은 어느 순간이 되면 복잡한 셈 같은 걸 하게 하지 않는다. 단박에 이기심의 한계를 돌파해 버리는 힘, 나는 이것이 우리의 DNA일 것으로 생각한다.

서울 올림픽이 있던 해 1월, 동경으로 부임 인사를 하는 자리였다. 지금은 고인이 된 창업자인 당시 회장이 내게 다짐했다. '이(李) 군, 바둑 누군가? 바둑은 1급에 배워선 1급 이상 되지 못하네. 마찬가지로 일본을 배우기만 해선 일본을 이기질 못해. 하나라도 일본을 넘어설 수 있는 걸 찾아보게. 그게 진짜야.' 훌쩍

> 30년이 흘렀다. 찾으려던 건 오래전부터 이 땅에 있던 것이었다.
> ―「韓·日 그 DNA에 대하여」중에서

이근영은 수필을 참 자연스럽게 쓰는 수필가이다. 가을 낙엽을 보다가 아름답고 처연하고 거기서 우리 삶을 본다. 봄도, 여름도, 겨울도 매한가지다. 아내의 목소리를 들으면서 젊은 날의 맑은 계곡으로 시간여행을 떠나기도 하고 재래시장을 보다가 어머니를 만나기도 한다. 자판기에서 커피 한 잔을 뽑아 마시다가도 아버지의 그리움에 눈가를 적시는 그런 작가다. 회고하되 깊은 성찰을 놓치지 않으면서도 매우 긍정적인 사고의 수필가이다. 그는 사람을 사랑하고 즐긴다. 흘려보낸 여인들조차 그에게는 싱싱하던 젊은 날의 한 장의 그림일 뿐이다.

그의 수필은 고독과 방황 같은 것들을 스스럼없이 슬쩍슬쩍 써 내려가는 그의 글솜씨로 해서 운치 있는 수필로 그려진다. 그리고 수필의 참맛을 즐기게 하는 수작들이 많다. 수필의 경지에서 무한대로 넘나들며 인생을 노래하고 살아 볼 만한 세상임을 기쁘게 노래하는 작가의 수필집을 읽을 수 있는 것은 독자의 큰 행운이라 할 만하다.

세상은 구른다

2025년 12월 1일 초판 인쇄
2025년 12월 5일 초판 발행

지은이 / 이근영

발행인 / 강병욱
발행처 / 도서출판 교음사
편 집 / 수필문학사

03147 서울 종로구 삼일대로 457 수운회관 1308호
Tel (02) 737-7081, 739-7879(Fax)
e-mail : gyoeum@daum.net
등록 / 제2007-000052호

* 잘못된 책은 바꿔 드립니다. 값 15,000원

ISBN 978-89-7814-180-2 03810